La Fabuleuse Histoire du Père Noël

Dans la même collection

Michael Baigent et Richard Leigh, *Des templiers aux francs-maçons : la transmission du mystère*
Roger Begey, *La Géométrie sacrée ou la magie des formes*
Jean Canteins, *Mystères et symboles christiques*
Francis Ducluzeau, *L'Initiateur – Une lecture initiatique de l'Évangile de Jean*
Les Noces de l'Apocalypse de Jean
Gérard Galtier, *Maçonnerie égyptienne, rose-croix et néo-chevalerie*
Alex Horne, *Le Temple de Salomon dans la tradition maçonnique*
Frère Jean Le Maçon, *Lettre aux francs-maçons, libres et de bonnes mœurs*
Pierre Méreaux, *Les Constitutions d'Anderson*
Jean-Michel Merle, Michel Viot, *Ces francs-maçons qui croient en Dieu*
Gustave Meyrink, *L'Ange à la fenêtre d'Occident*
Le Dominicain blanc
Inès Nollier, *Le Grand Maître des templiers*
Frère Rédarès, *Les Trois Grades de la franc-maçonnerie*
John J. Robinson, *Les Secrets perdus des francs-maçons*
Jean Servier, *Les Techniques de l'invisible*
L'Homme invisible
Marc Sinniger, *L'Initiation intérieure*
Paul Vaughan, *Voyage au cœur des francs-maçons*
Une loge révèle, *Guide pour un futur franc-maçon*

Tony van Renterghem

La Fabuleuse Histoire du Père Noël

Origines, légendes
et traditions

Traduit de l'américain
par Anne-Laure
et Arnaud d'Apremont

La pierre philosophale

ÉDITIONS DU ROCHER
Jean-Paul Bertrand

Titre original : *When Santa was a Shaman. The Ancient Origins of Santa Claus & the Christmas Tree*

ISBN 2 268 02434 2

L'ombre du chamane

Tous ceux qui célèbrent la vie et l'humanité, qui résistent aux incursions de la pensée religieuse fondamentaliste et généralement « posent des questions à l'autorité », apprécieront la recherche fouillée et divertissante de Tony van Renterghem sur la Vieille Religion, Pan, les cérémonies de Solstice, et l'Arbre de Feu. Lorsqu'il démontre que le Père Noël/Santa Claus est le descendant direct du chamanisme, c'est un superbe cadeau qu'il dépose dans la chaussette de quelqu'un de spécial.

Janette Rainwater, Ph. D.
Auteur de *You're in Charge : A Guide to Becoming your Own Therapist.*

L'image tant aimée du Père Noël moderne ne représente que le sommet d'un vieil iceberg. Les origines du Père Noël et de l'Arbre de Noël remontent de plusieurs milliers d'années en arrière, lorsque le personnage mythique appelé Père Noël ou Santa Claus était le chamane d'une tribu et le Gardien du feu. L'Arbre de Noël lui-même est le dernier vestige du mythe de l'Arbre de Feu, dont les branches en flammes apportèrent le feu à nos ancêtres.

Pourquoi ces mythes ont-ils en permanence refait surface dans le monde entier, malgré l'écoulement du temps et les répressions infligées par de nombreuses cultures et religions qui leur étaient hostiles ? Par quelles mystérieuses voies ont-ils voyagé pour parvenir au XXe siècle ? Et pourquoi sont-ils encore si importants aujourd'hui ?

Pendant dix ans, Tony van Renterghem a fait des recherches sur ces questions et beaucoup d'autres. Explorez ses fascinantes découvertes, qui suivent l'évolution de ces mythes de la Préhistoire jusqu'à aujourd'hui. Et redécouvrez les mythes de notre ancien passé païen, qui refusent de mourir… même en plein cœur de notre culture consumériste !

… une source d'approfondissement des processus de transformation mythique des croyances et pratiques païennes, restituant à travers le temps l'image adorable de la solide bienveillance si merveilleuse pour les enfants de tous âges.

Rabbin Dr. Benjamin Herson
Fondateur du *Raoul Wallenberg Institute of Ethics.*

À propos de l'auteur

Tony van Renterghem est né à Amsterdam, aux Pays-Bas, en 1919. Il a étudié l'Histoire, l'Art, la Photographie, les Arts cinématographiques et le Droit privé. Il parle hollandais, anglais, français et allemand. Il fut l'un des derniers officiers de cavalerie montée et à ce titre servit pendant huit ans dans les Forces armées des Pays-Bas, dont quatre années de résistance pendant l'occupation allemande de la Seconde Guerre mondiale, pour lesquelles il fut condamné à mort, mais s'évada. À la fin de la guerre, il fut membre de l'État-major du Prince Bernhard dans l'armée des Pays-Bas. Il organisa plus tard des expositions pour son gouvernement en Hollande et à l'étranger et fut actif en politique internationale.

En 1948, il émigra aux États-Unis où il passa trente ans dans l'industrie du cinéma et de la télévision, travaillant comme assistant-cameraman, acteur, assistant-réalisateur, conseiller et scénariste pour plusieurs *major studios*. En qualité de chercheur historique de premier plan d'Hollywood, il fut le conseiller technique et l'assistant personnel du réalisateur Georges Stevens Sr. sur des films comme *Le Journal d'Anne Frank (The Diary of Anne Frank)* et l'épopée biblique *La plus grande histoire du monde (The Greatest Story Ever Told).*

Aujourd'hui en semi-retraite, il poursuit son travail d'écrivain et de consultant. Il vit aux Pays-Bas avec son épouse.

Sommaire

Première partie

Seconde partie

Remerciements

Je voudrais remercier les personnes qui suivent pour l'aide qu'elles ont apportée aux recherches entreprises pour cette histoire :

Dr. R. M. Staal du Katherijnen Convent Museum d'Utrecht, Pays-Bas.

Dr. Van der Meer, historien du Rijksmuseum, d'Amsterdam, Pays-Bas.

Mr. T. Ruitens du Dutch National Scholl Museum de Rotterdam, Pays-Bas.

Dr. Gerard Rooyakkers du P. J. Meertens-Institute du Département de Folklore, Dialectologie et Onomastique de l'Académie Royale des Sciences des Pays-Bas.

Mr. Appel du département de Folklore de la ville de Denekamp, Pays-Bas.

Mr. Theo Timmer de l'Open Boekstore sur l'île hollandaise de Texel, pour avoir complété ma connaissance des anciennes coutumes de l'île.

Je voudrais aussi remercier les nombreuses autres personnes qui, au cours des années et dans de nombreux pays, m'ont fourni quelques éléments d'informations anthropologiques et/ou folkloriques pour m'aider à résoudre ce puzzle des origines du Père Noël et de l'Arbre de Noël, et tous ceux qui exprimèrent de l'intérêt pour ce travail en cours d'élaboration et l'encouragèrent.

Et, par-dessus tout, je remercie ma femme, Susanne, pour son aide et son soutien tout le long de la route.

Avant-propos des traducteurs

Il vit, il ne vit pas !

Il vit, il ne vit pas ! Cette formule était le cri de ralliement des partisans de l'empereur Frédéric II de Hohenstauffen, l'empereur de la Tolérance, après sa mort. Elle s'appliquerait fort bien au Père Noël. Comme ce dernier, tout au long de son existence, Frédéric subit les foudres de l'Église chrétienne. Crime impardonnable, il se voulait le protecteur des arts, des libres-penseurs, des hérétiques... En cette époque de croisade, il entretenait les meilleurs rapports avec les érudits musulmans. Il finit par être excommunié. Cette action en faveur des opprimés et du Petit Peuple est également une constante de l'archétype sous-tendant le Père Noël – l'ouvrage de Tony van Renterghem va largement le démontrer.

Défenseur des opprimés

Il vit, il ne vit pas ! Longtemps après sa mort, nombreux furent ceux qui crurent apercevoir l'empereur. Il était devenu un de ces personnages de la tradition européenne des empereurs dormant sous des montagnes, ne sortant qu'une fois l'an attendant le réveil, l'âge d'or, la libération. De Frédéric à Charlemagne en passant par Arthur, on se plaît à les imaginer généreusement barbu. Nul doute que l'on retrouve là nombre de traits du bonhomme Noël. Au cours du temps, celui-ci n'a cessé d'apparaître et de disparaître.

Il vit, il ne vit pas ! On le croit mort ? Et souvent il n'en est que plus puissant sous différentes identités ou apparences, dissimulé, mais enraciné dans le cœur des individus, innocents enfants éternels. On le sent très présent, comme aujourd'hui avec son beau costume rouge et sa hotte ? Et c'est peut-être là qu'il est le plus moribond. Certains se demandent si la société de consommation moderne n'a pas tué de beaux mythes comme celui du Père Noël, alors que l'on découvre au contraire que c'est cette société moderne qui – par l'intermédiaire de l'un de ses représentants les plus archétypaux, Coca-Cola – a donné naissance à notre pittoresque Père Noël d'aujourd'hui.

Échange de bonne convivialité : si le Père Noël nous a rendu si souvent visite, Tony van Renterghem nous invite ici à revisiter ce personnage. Car naturellement les racines du personnage se dissimulant sous les traits du vieux barbu plongent fort loin. Il est en liaison étroite avec le mythe fondateur de l'humanité : le Don du Feu.

Croire au Père Noël, c'est croire à la Vie

Doit-on croire ou ne pas croire au Père Noël ? La question ne se pose pas en ces termes. Sous ses différentes apparences, le Père Noël/le Chamane/saint Nicolas/Herne/Pan/le Cornu/Cernunnos/etc., est l'incarnation du lien indissoluble de l'Homme avec la Vie et avec la Nature. Que l'homme soit conscient de ce lien et notre figure chamanique existera de toute éternité par nécessité. Que l'homme perde cette conscience, oublie le lien qui l'unit à la Nature et le respect qu'il lui doit, et Herne/Noël disparaîtra progressivement. Mais il y a fort à parier que l'homme le suivra de près, comme le soutient Tony van Renterghem. C'est le paradoxe du mythe de la Connaissance : avec le Don du Feu, l'homme hérita du Savoir et du Confort, mais il détenait désormais entre ses mains l'instrument de sa perte s'il n'y prenait garde.

Une Ode à la Vie et à la Nature

Dans ces conditions, le livre de Tony van Renterghem sur l'Esprit de la Nature fondamental se présente inévitablement comme une formidable ode à la Vie et à la Nature, un appel à retrouver nos racines et notre lien indissoluble avec Gaïa, notre Terre. Bien-sûr on pourra contester telle ou telle hypothèse de l'auteur (la tradition nordico-germanique d'essence chamanique, par exemple, était probablement beaucoup plus en prise avec la Nature que T. van Renterghem voudrait nous le faire croire). Mais il s'attend lui-même, dit-il, à voir infirmer ou confirmer ce qu'il avance.

Le Père Noël existe, parce que la Vie existe, parce que des enfants naissent. Respecter la Vie, respecter la Nature, respecter l'Autre… Tel serait le message du Père Noël – ou du personnage éternel qui le sous-tend. Qui pourrait ne pas y adhérer ?

Oui le Père Noël existe

Ainsi, comme le journaliste Francis Church répondant à une petite fille américaine, nous pouvons continuer d'affirmer haut et fort : « Oui, le Père Noël existe. Il existe aussi certainement que l'Amour, la Générosité et le Dévouement existent… » (voir pages 21-22). Il faut espérer que nous pourrons longtemps – et nos enfants après nous – continuer de le clamer.

Anne-Laure et Arnaud d'Apremont

Préface

Oui, Virginia, le Père Noël existe

En 1897, Virginia O'Hanlon écrivit au New York Sun :

Cher directeur,

J'ai huit ans. Certains de mes amis prétendent que le Père Noël n'existe pas. Papa dit : « Si tu le vois dans le *Sun*, c'est vrai. » S'il vous plaît, dites-moi la vérité, le Père Noël existe-t-il ?

Voici une partie de la réponse qui parut dans le journal :

Virginia, tes amis se trompent. Ils sont atteints par le scepticisme d'une époque sceptique. Ils pensent que rien ne peut exister qui ne soit pas compréhensible par leurs petits esprits. Tous les esprits, Virginia – que ce soient ceux d'adultes ou ceux d'enfants –, sont petits. Dans ce grand univers qui est le nôtre, l'homme est un vulgaire insecte, une fourmi, de par son intellect mesuré au monde sans limites autour de lui ; il est un vulgaire insecte lorsqu'il est mesuré à l'aune de l'intelligence capable de saisir l'intégralité de la Vérité ou de la Connaissance.

Oui, Virginia, le Père Noël existe. Il existe aussi certainement que l'Amour, la Générosité et le Dévouement existent, et tu sais qu'ils abondent et qu'ils donnent à ta vie sa beauté et sa joie suprêmes. Hélas ! Comme le monde serait lugubre si le Père Noël n'existait pas ! Il serait aussi lugubre que s'il n'existait aucune Virginia. Il n'y aurait alors plus de foi d'enfant, plus de poésie, plus de romance pour rendre tolérable cette existence. Nous n'aurions plus de plaisirs, sauf ceux des sens et de la vue.

Peut-on ne pas croire au Père Noël ? Personne ne voit le Père Noël, mais ce n'est pas un signe de sa non-existence. Les choses les plus réelles du monde sont celles que ni les enfants ni les adultes ne peuvent voir. Personne ne peut concevoir ou imaginer toutes les merveilles qui existent, sans qu'on les voit, sans même qu'on puisse les voir.

Tu peux démonter un hochet de bébé et regarder ce qui crée le bruit à l'intérieur, mais il y a un voile qui recouvre le monde invisible et que ni l'homme le plus fort, ni même la force réunie de tous les hommes les plus forts de l'Histoire, ne pourraient déchirer. Seuls la foi, la poésie, l'amour, le conte, peuvent soulever ce rideau et permettre de voir et représenter la beauté et la gloire surnaturelles qui se trouvent derrière. Tout cela est-il réel ? Ah, Virginia ! dans tout ce monde, il n'y a rien d'autre de réel et de présent.

Pas de Père Noël ! Dieu merci, il vit et il vit pour l'éternité. Et dans mille ans, Virginia, non, dans dix mille ans, il continuera de réjouir le cœur des enfants.

Francis P. Church, *The New York Sun*, 1897

Introduction

Si vous vous promenez dans les rues de Londres, de Paris, de New York ou même de Tokyo pendant le mois de décembre, vous verrez une multitude d'arbres de Noël [1] et de joviaux Pères Noël, propulsant les ventes d'une quantité de produits, dont, pour beaucoup, entre parenthèses, le monde se passerait fort bien. Pourquoi faisons-nous cela ? Quel est ce mythe ? D'où viennent les rituels comme celui de l'arbre de Noël avec ses bougies allumées et celui du Père Noël ? Ne sont-ils pas une sorte de contes pour enfants, comme Donald le canard ou la souris Mickey, plutôt que des mythes ? Ont-ils réellement de l'importance ? De quoi s'agit-il en fait ?

Nombre d'entre nous n'ont plus depuis longtemps la moindre idée de ce qu'est un véritable mythe, et *a fortiori* d'où viennent ces vieilles coutumes parti-

1. En anglais, Noël se dit *Christmas* faisant directement référence au Christ. Dans son texte, l'auteur Tony Van Renterghem utilise le plus souvent l'abréviation *Xmas* au lieu du mot complet. Il explique ici en note : « J'utilise l'orthographe *Christmas* en référence à la messe en mémoire de la naissance du Christ et liée aux rituels chrétiens. L'abréviation *Xmas* traduit les joyeuses célébrations païennes. » Pour tenter de rendre autant que possible cette subtilité nous féminiserons Noël pour restituer la fête chrétienne (*la* Noël) et conserverons le masculin pour la fête païenne.

culières et ce que représentaient jadis ces personnages et symboles. Mais, de vagues réminiscences de rituels mythiques, des souvenirs que nous exécutons encore et transmettons à notre progéniture sans réaliser pourquoi, sont imprimées dans notre inconscient. La plupart des gens ignorent que l'arbre de Noël et le Père Noël sont des mythes et des rituels incroyablement anciens. Ils font partie des racines de l'Occidental. Ce sont probablement vos racines. D'accord, vous pouvez dire : « Mais qu'est-ce que ces racines ont de si important ? »

Nous vivons dans un état d'instabilité émotionnelle, à une époque de changements exponentiels imprévus et de chocs culturels. Nos esprits sont surchargés de nouvelles données en augmentation constante, tandis que nous essayons de survivre comme nous pouvons sur les débris de ce qui jadis était la famille traditionnelle. Entraînés dans un gigantesque maelström de nouvelles technologies, de violences, de cultures différentes se développant rapidement avec leur nouveau fondamentalisme religieux, nous sommes nombreux à ressentir un besoin désespéré de maintenir nos propres valeurs culturelles comme une question de survie psychologique dans ce qui semble devenu un monde étranger. Et si nous ne redécouvrons pas ces « racines » maintenant, le peu qui reste sera progressivement éradiqué de notre mémoire et perdu à jamais.

Les rituels et les mythes, comme ceux concernant Noël et le Père Noël, font partie des quelques liens demeurant avec nos anciennes racines. Ils font partie du mythe le plus tenace et le plus important de tous : l'histoire de la première prise de conscience par l'homme de faire partie de quelque chose de plus grand que lui et de la mémoire bouleversante de la conquête du feu ; cet instant ardent qui changea totalement le destin de l'humanité.

La société moderne est en train de prendre conscience lentement et sans enthousiasme que nous devons apprendre à vivre en harmonie avec notre environnement et avec la Nature, sous peine de périr. Ce concept, dans lequel la terre est connue sous le nom de Gé ou Gaïa, reconnaît notre monde – et dans une plus large acception, l'univers tout entier – comme une entité vivante dont nous ne formons qu'une petite – mais vitale – partie.

Les humains dits primitifs étaient tout à fait au diapason avec Gaïa/Gé, et leurs concepts religieux les plus précoces reflétaient leur symbiose avec la Nature et avec les forces de Création, de Vie et de Mort. Leur chamane/homme-

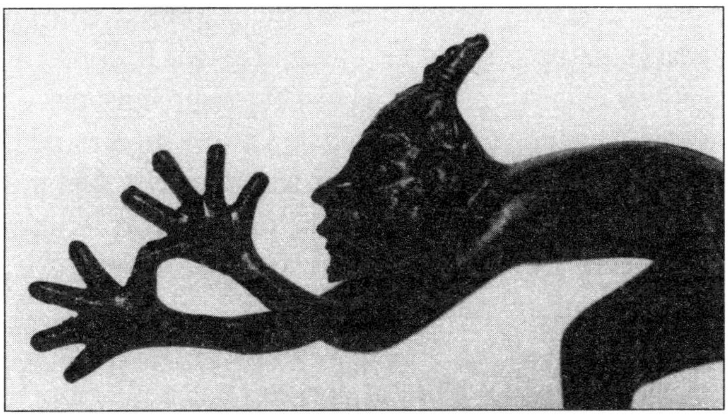

En haut : Personnage chamanique du farceur utilisé comme motif décoratif tout au long de ce livre. **En bas** : Détail de ce personnage. Comme imitateur de la Nature, le chamane représentait souvent sa nature inconstante et imprévisible, se moquant des « meilleurs projets des souris et des hommes ». Dans certaines régions, il est représenté avec des cornes de bouc. La queue excessivement longue remplace le pénis en érection, comme symbole de fécondité.

Dans certaines parties de la Belgique au XIXe siècle, on vit de pauvres laboureurs se révolter contre l'Église et les riches propriétaires terriens. Ces sortes de Robin des Bois modernes furent appelés ***Bokkerijders*** (« chevaucheurs de boucs »). Ils portaient des masques à cornes, opéraient hors des forêts, et dans leurs rituels, ils donnaient le signal de la main « cornue » (un poing avec l'auriculaire et l'index vers le haut). L'Église et les notables locaux prétendirent que ces hommes étaient des adorateurs de Satan. Ils ne l'étaient naturellement pas : c'était encore des fidèles de la Vieille Religion de Herne. Dans les pays slaves, comme l'ex-Yougoslavie, l'Accompagnateur noir de saint Nicolas est un petit personnage vêtu de noir, avec des cornes et de grandes oreilles rouges et pointues. Il danse et effraie les enfants. Il est intimement lié à cette minuscule figurine russe d'aujourd'hui représentant Herne/Pan en tant que farceur chamanique, et il est, d'après le vendeur russe, « pas effrayant, mais amical, dès lors qu'il est antérieur à Satan ».

médecine était le lien (le terme moderne populaire serait *channel*) entre eux et Gaïa. Quand il apparaissait solennellement et parlait en tant que chamane, ils ne le voyaient pas seulement comme possédé par la voix et l'esprit de Gaïa, mais comme Gaïa incarnée. Gaïa ne mourait jamais, de ce fait l'homme ne mourait jamais réellement ; réabsorbé par elle, les individus continuaient d'exister. Voir le chamane, c'est voir Gaïa ; manger son pain, c'est manger une partie de Gaïa ; boire son vin, c'est encore boire une partie de Gaïa. Écouter, danser au rythme du battement d'un tambour et au son des flûtes, c'est entendre et sentir Gaïa. Danser sur elle, faire l'amour, ce n'est pas seulement ressentir Gaïa, c'est la laisser pénétrer en vous ; aussi bien vous que Gaïa renaissez : vous ne faites qu'un avec Gaïa !

Puis vint cet instant capital dans l'histoire primitive de l'homme : sa première connaissance, la découverte de l'usage du feu. Il donna à l'homme l'avantage sur les autres animaux : ce fut également le premier pas qui l'éloigna de Gaïa. Depuis lors, l'homme a toujours vu en lui une supériorité de type divin, l'autorisant à contrôler et maîtriser son environnement. Cet événement est rappelé dans la Bible sous la forme du péché originel. On le retrouve dans cette tendance arrogante de l'Occidental à voir et représenter son dieu sous la forme d'un mâle de sa propre race.

Deux anciens mythes existent encore pour nous rappeler cet instant décisif dans le passé de l'homme :

1. Le mythe de l'Arbre de Feu : le plus vieux rituel de feu de l'homme. Notre cérémonial de l'arbre de Noël est un des derniers vestiges de cet ancien mystère.
2. La mémoire vague et persistante de l'ancien chamane, qui aidait l'homme à rester en harmonie avec Gaïa. Aujourd'hui, le Père Noël commercial est sa relique dérisoire.

Pourquoi ces anciens mythes et rituels sont-ils encore importants ? Les philosophes ont toujours compris que nous sommes plus que nous-mêmes, que nous formons une partie d'une entité plus large et que cette entité plus large est une partie de nous ; que nous ne vivons pas simplement dans le vide, mais que nous sommes aussi bien une partie du passé que du présent et du futur. Considérez les cellules dans nos corps, qui meurent tous les sept ans. Sans ces cellules il n'y aurait pas de corps, mais le corps en tant que tout continue d'exister en dépit de ce constant changement de cellules. De la même manière, notre génération est une partie du « corps » de notre entité, une entité composée de notre race, de notre culture, de notre nationalité et de notre Histoire. Elle existait avant nous, elle croît et change avec nous, et elle continuera d'exister après nous, comme composante de cette plus vaste entité, notre monde, lui-même partie de notre univers. C'est un peu comme une disquette informatique régulièrement mise à jour qui continue de fonctionner en dépit du fait que des parties de l'ordinateur sont constamment remplacées.

Qu'est-ce que tout cela a à voir avec nos vies d'aujourd'hui ? Beaucoup plus que l'on pourrait penser. Prenons l'exemple suivant : pendant les congés d'hiver, imaginons que nous sommes tous assis autour d'un agréable feu de cheminée, buvant une boisson chaude après avoir déposé nos présents sous l'arbre de Noël, que nous venons de décorer et d'allumer avec des bougies. Vous êtes-vous déjà demandé pourquoi nous faisons cela et pourquoi nous considérons cela comme « agréable » ? Après tout, les cheminées sont peu efficaces ou rentables, et introduire dans la maison un sapin perdant des aiguilles qui vont se mettre partout, décoré de babioles scintillantes, ne sert aucun but pratique apparent. Et pourquoi certains d'entre nous se déguisent-ils en vieil homme barbu, prétendant être un étrange individu appelé Père Noël ou Santa Claus ?

Quel est le but de ces singuliers rituels et pourquoi nous apportent-ils « réconfort et joie », comme les vieux chants de la Noël nous le disent ? Comme pour tant de coutumes, le but a depuis longtemps été oublié, mais nous continuons à exécuter le rituel et à le ressentir agréablement, parce que nous avons été culturellement et rituellement programmés il y a des millénaires pour faire ainsi et pour l'apprécier.

Le but des rituels peut être oublié en très peu de temps. Prenez, par exemple, le rituel américain du jour du Souvenir *(Memorial Day).* Cette fête légale aux États-Unis, célébrait originellement le souvenir des morts de la Guerre de Sécession. Elle fut plus tard étendue au souvenir de toutes les victimes de guerre. Un siècle à peine s'est écoulé depuis l'instauration de ce rituel, pourtant quatre-vingts pour cent des Américains ont oublié quels morts étaient honorés par ce Souvenir à l'origine, et un bon cinquante pour cent ne voit là rien d'autre qu'une occasion de sports, de jeux ou de pique-nique familial. Mais même ainsi, cet événement est observé, et, à moins que quelque nouvelle culture ne l'efface, il continuera probablement de l'être pendant des siècles, alors que tous les citoyens auront oublié depuis longtemps la signification originelle de cette fête.

Plus le rituel ou le tabou est ancien, plus longtemps il semble devoir continuer d'exister. Alors qu'est-ce qu'un rituel ou un « tabou » exactement ?

Bien avant l'existence du langage oral, quand les ancêtres de l'homme vivaient en petits groupes ou clans, ils développèrent deux systèmes intimement liés pour maintenir et répéter les actions bénéfiques à la survie du clan (l'homme n'est pas la seule espèce à avoir agi ainsi ; certains autres mammifères, comme les loups, font de même). Avant l'existence de la parole, ils instaurèrent le rituel (que l'on peut résumer par : « ce que singe voit, singe fait », c'est-à-dire une cérémonie qui voit les uns copier les actions des autres) et le tabou (c'est-à-dire le comportement interdit, le « Tu ne feras point ! »). Ceux-ci ne furent pas – et ne sont pas – enseignés sur une base rationnelle, mais furent « programmés » [1] dans notre inconscient à partir du moment de la naissance : le rituel par l'exemple répété du clan et le tabou par la menace d'une punition sévère, voire la mort.

Avec l'introduction de la parole vint aussi le nouveau concept de « Pourquoi ? » (la première remise en question de l'autorité). Ceci conduisit au développement du mythe : une histoire poétique, souvent fictive, allégorique expliquant l'origine et le besoin du rituel et du tabou. Avec le temps, un mythe, un rituel ou un tabou peuvent ne pas rester valides ou bénéfiques pour un clan, mais vu la manière par laquelle ils ont été programmés dans la culture, ils s'avèrent presque impossibles à supprimer, tant que des traces du clan – aussi minimes soient-elles – continuent d'exister. Par ailleurs un clan ou une nation peuvent passer sous l'influence culturelle d'un autre. De ce fait, ils vont absorber et perpétuer les rituels et les tabous de cette nation conquérante,

1. Les entraînements militaires et les régimes totalitaires utilisent encore des approches similaires.

apparemment sans raison, si ce n'est de voir ces rituels et tabous comme une partie des cérémoniaux de la structure de pouvoir qu'ils admirent et essayent de copier.

Carl Gustav Jung et, plus récemment, Joseph Campbell, nous ont appris de quelle manière les mythes et les rituels nous relient à l'enfance de l'humanité, avec la mémoire dans l'inconscient des anciens rassemblements claniques et de la chaude sécurité de feux de camp flamboyants. Ils nous ont aussi enseigné comment ces mythes et rituels nous fournissent des rites de passage nécessaires et des points de référence qui nous aident à trouver notre route dans la vie, fournissant à nos clans un sentiment de continuité venant de loin avant notre naissance, et allant loin dans le futur, lorsque nous, en tant qu'individus, aurons depuis longtemps disparu.

Aujourd'hui, la Nativité de Noël symbolise la vénération par l'Église chrétienne de la naissance de Jésus de Nazareth, dans lequel ils voient le Christ (« L'Oint »), le Fils de Dieu, alors que le Père Noël/Santa Claus, l'Arbre de Feu et la célébration païenne du Solstice d'Hiver sont des vestiges beaucoup plus anciens d'un passé païen, mythologique et culturel. Ses racines sont si anciennes et plongent si profondément que ses origines ont presque été oubliées. Mais, curieusement, encore plus puissamment que les mises en scène de la Nativité, cette fête païenne de Noël a incorporé la foi joyeuse que beaucoup d'entre nous possèdent dans les principes d'amour, de générosité et de bienveillance que Jésus – le jeune rabbin (enseignant) juif et charpentier de Nazareth, qui se disait lui-même Fils de l'Homme – nous a enseignés. Aucune célébration n'est aussi proche de l'esprit des enseignements sociaux de Jésus que la fête traditionnelle païenne de Noël.

Dès lors que le mythe de la Nativité est bien connu, ce livre traitera exclusivement de la redécouverte des mythes tenaces de notre passé culturel païen beaucoup plus ancien. Considérez simplement cela comme une sorte d'enquête policière ancestrale, une quête des racines, à lire auprès d'un feu agréable au cœur d'une froide nuit d'hiver.

Par nécessité, une bonne partie de ce livre est fondée sur des conjectures et sur des comparaisons avec des cultures primitives existant encore aujourd'hui. Par conséquent, je m'attends à ce que des études futures puissent venir infirmer ou confirmer certaines de mes découvertes. Aussi, j'espère que cet essai encouragera d'autres personnes à approfondir encore davantage ce sujet.

Tony van Renterghem, 1995

N.B. : Tout au long de ce livre, pour éviter le vocable peu commode « il/elle », les termes « homme » et « il » ne devront pas être interprétés dans un sens masculin exclusif, mais soit dans le sens « il/elle », soit dans le sens de l'humanité prise comme un Tout (à moins que la situation ne s'applique évidemment qu'à une personne de genre masculin).

Première partie

1

L'Arbre de Feu

La plupart des Occidentaux des deux sexes ont perdu une bonne partie de la relation intense et émotionnelle que nos ancêtres entretenaient avec le feu. La majesté menaçante de l'éclair, la magie de l'étincelle, de la flamme, de la lumière, la chaleur rayonnante et le ronflement du feu vivant sont en train de devenir une chose du passé. Un interrupteur est frôlé et la lumière jaillit ; uniforme, sans vie, froide. Pressez un bouton et, quelque part dans un sous-sol, dissimulées dans un caisson, des flammes bleues maîtrisées vont changer l'eau ou le gaz en une source de chaleur instantanée pour notre maison. Une étincelle atavique de mémoire inconsciente vous fait peut-être (pour créer l'ambiance ou comme préliminaire à une aventure sexuelle) gratter une allumette et allumer des bougies sur la table du dîner, ou pousser le bouton qui enflamme le gaz à l'intérieur des bûches factices d'une fausse cheminée.

Je fais partie des chanceux ; je suis un enfant de la flamme et du feu. Je me souviens d'avoir été mené au lit par une tante tenant une bougie à la flamme dansante qui projetait des ombres inquiétantes sur le mur. Je m'asseyais et observais avec terreur le ronflement et le craquement des flammes vivantes dans la vieille cheminée gigantesque de mes parents, humant l'odeur du pin et du chêne brûlant, absorbant leur chaleur dans mon corps, et regardant la lente combustion rampante des braises rougeoyantes.

Plus tard, pendant la Seconde Guerre mondiale, je restai coincé par le tir d'un ennemi dans une maison où un toit en chaume en flammes commençait à s'effondrer sur ma tête. Alors que je vivais à Malibu, en Californie, j'aidai les pompiers quand un mur de flammes bascula sur nous en grondant, immédiatement suivi par une immense tempête de feu. Dans de nombreux lieux – mais nulle part aussi magnifiquement qu'en Afrique – j'ai été témoin de la puissance majestueuse et effrayante d'orages massifs, avec des éclairs longs de plusieurs miles déchirant le ciel au-dessus de moi. Tout cela m'a rendu conscient de la qualité vivante du feu et de sa capacité à réveiller les forces terrifiantes et l'énergie de la Nature : créant, vivant et brûlant, puis, comme toute vie le fait inévitablement, retournant en cendres.

La foudre et le feu sont si intimement reliés à la vie et à la procréation que les scientifiques modernes pensent que la première création physique de vie sur terre intervint quand un éclair frappa la « soupe » chimique primordiale qui recouvrait la surface de la terre à cette époque – ce fut, littéralement, la première « étincelle de vie ».

Le feu, venant du ciel et apporté à l'homme par un éclair, et le courage de l'humanité pour apprivoiser cette flamme créèrent une impression indélébile sur nos ancêtres de la Préhistoire. C'est l'essence de nos plus anciens mythes, l'histoire presque universelle de l'Arbre de Feu et de la Connaissance, autrement dit, l'Arbre de Vie, l'Arbre en flammes, illuminé, le Buisson ardent, etc.

Personne ne sait comment, il y a de nombreux millénaires, intervint cet événement, transformant la vie sur terre. La mémoire inconsciente de celui-ci est restée en nous : c'est la mémoire de l'instant précis où les individus dépassèrent le stade de pur animal et commencèrent à acquérir le contrôle sur leur environnement. Le mythe a été raconté de génération en génération, à demi oublié ici, embelli ou adapté ailleurs. Le même processus s'applique aux rituels exécutés pour nous rappeler cet événement ; ils perdurent, à la fois sous la forme de cérémonies religieuses ou de coutumes persistantes. Ce fut – et c'est – une histoire racontée par presque tous les clans.

L'instant exact de cet événement s'est donc perdu dans les brumes du temps, mais tant de récits dans tant de cultures nous en parlent, que je me sens libre de proposer un scénario possible sur l'origine de ce mythe.

* * *

À un moment de la Préhistoire, peut-être au cours d'une froide soirée vers le temps du Solstice d'Hiver, un violent orage balaya le flanc d'une montagne, dispersant un petit clan d'animaux humains. Ils se mirent à courir de terreur lorsqu'un éclair illumina la forêt, frappant et enflammant un vieil arbre. Tandis que l'écho du roulement de tonnerre se répercutait dans les collines, ils regardèrent avec effroi les flammes serpenter le long de l'arbre et mettre le feu aux branches l'une après l'autre.

Même à quelque distance, ils pouvaient sentir la chaude incandescence des flammes qui illuminaient la nuit et ils se rappelaient comment, par le passé, Loki, le grand serpent de la foudre, avait volé le feu des cieux et l'avait projeté sur terre, créant un enfer de flammes qui noircit les collines et les forêts, tuant toute vie sur son passage [1]. Cependant, ce jour-là, l'humidité empêchait le feu de se répandre au-delà de l'arbre. Soudain une branche en flammes s'écrasa sur le sol dans une pluie d'étincelles. Elle se brisa en plusieurs morceaux, incitant les spectateurs à se précipiter en courant dans le refuge de leur grotte.

Pourtant, une jeune « femelle » resta ferme en place. Elle jacassait avec agitation, puis – craintive et hésitante –, elle étendit le bras pour ramasser un morceau de la branche en feu. Prudemment, la tenant loin de son corps, elle l'étudia, sentit sa chaleur, et finalement elle l'apporta à l'entrée de la grotte, où elle se mit à danser avec elle. Enfin elle la déposa fièrement au pied de l'homme le plus âgé. Il fit un bond en arrière, terrifié autant à cause de la flamme qu'en rai-

1. *N.d.T.* Le nom Loki est une allusion directe à la tradition nordique. Mais le personnage ambigu Loki est moins un dieu du feu que Loge avec lequel il semble ici confondu. Au demeurant, le mythe évoqué ici paraît faire allusion à l'entité Surt, l'esprit nordique du feu, qui dévaste la terre au moment du Ragnarök, le Crépuscule des dieux, ou plus précisément, la Consommation du Destin des Puissances.

Une représentation stylisée de notre plus ancien mythe : le Don originel du Feu à l'homme. Le serpent (éclair) a volé le feu dans les cieux pour enflammer l'arbre et inciter l'homme (ou traditionnellement la femme) à utiliser cet ardent fruit de Connaissance. L'homme ayant peur d'avoir brisé le tabou du feu, il essaya de retourner ce feu vers son origine en brûlant un arbre, avec des dons sacrificiels. C'est l'origine des offrandes brûlées par l'homme, de la bûche de Jul, des brasiers et de l'arbre de Noël.

En haut : La majesté terrible et effrayante d'un orage électrique. Pour le spectateur primitif, le feu était arraché des cieux et projeté sur terre. C'était un don imprévisible et incontrôlable qui pouvait tuer, détruire ou tout brûler, ou, comme avec l'Arbre de feu, apporter lumière, chaleur et pouvoir divin. **En bas à gauche** : Le coq pouvait protéger contre la foudre, mais aussi symboliser les feux incontrôlés (Il n'y a pas si longtemps, les fermiers hollandais auraient dit « le coq rouge est ici » quand ils faisaient référence à un immeuble en flammes). Ce coq en céramique avec une crête ardente et des symboles sexuels féminins en forme de cœur est un minuscule charme porte-bonheur portugais. Le coq sexuellement agressif est considéré comme le Porteur de la nouvelle vie, du sexe et de la fécondité. Il est donc un symbole de toute vie nouvelle et annonce le retour quotidien (renaissance) du soleil, sans lequel tout mourrait (comme cela semble survenir chaque hiver dans les pays nordiques). **En bas à droite** : Coq d'or-girouette sur une église protestante du XVe siècle en Hollande. À l'époque païenne, le coq symbolisait la mort/vie, la reproduction sexuelle et le feu. Ces forces étaient vues comme une seule : la Force de Vie de la Nature. L'éclair et le feu détruisaient tout et apportaient la mort, mais la renaissance des jeunes pousses suivait et une nouvelle vie apparaissait sur une terre plus fertile, renouvelée par les cendres du feu. Ainsi, le feu était aussi vu comme une force sexuelle et protectrice. L'Église chrétienne absorba les superstitions païennes et permit au coq de rester sur le clocher des églises, mais en devenant maintenant un symbole de la résurrection du Christ.

son de l'acte sacrilège de la jeune femme. Prenant confiance, elle alimenta la flamme avec des morceaux de bois sec.

Alors qu'une chaude lueur commençait à se répandre dans la caverne, et notant qu'aucun éclair céleste n'était venu punir la fille, l'homme et le reste du clan se rapprochèrent quelque peu. Craintif, mais ne voulant pas être surpassé par une fille, l'homme s'approcha encore, puis, après avoir agressivement frappé sa poitrine, il ramassa précautionneusement la branche. Rien ne survint. Prenant lui aussi courage, il commença à sauter et à agiter avec fièvre le brandon enflammé devant les spectateurs terrifiés, qui reculèrent précipitamment pour observer d'une distance sûre.

Enhardi par son nouveau pouvoir et stimulé sexuellement par la chaleur – inhabituelle en cette saison – des flammes, l'homme se rapprocha de la jeune femelle, l'attira près du feu et lui fit l'amour.

* * *

Il s'agit ici d'une restitution assez libre du plus vieux mythe de l'humanité. Dès le commencement, l'homme, ayant reçu le feu « dérobé » (un terrible tabou) – et donc ayant acquis la première connaissance (science) du moyen de contrôler la nature – eut peur que cela ne représente une offense contre le Grand Esprit de la Nature, un acte qui pourrait retourner la colère de la Nature contre lui. Dans un sens, il avait raison, car cela venait d'ouvrir une boîte de Pandore, une boîte de problèmes. Après des millions d'années de lente évolution, cet acte provoquait la soudaine fin de son paradis animal et mettait en place une réaction en chaîne qui se poursuit, encore aujourd'hui, à une allure explosive.

L'homme apprécia son nouveau confort et l'avantage qu'il lui donna sur les autres, mais il réalisa aussi qu'il avait commis une invasion « sacrilège » dans un royaume qu'il ne pourrait jamais tout à fait contrôler. Dans une tentative d'apaisement de la Nature ou du Ciel (d'où il sentait que son feu avait été volé), il plaça des offrandes sacrificielles sur les branches d'un arbre semblable et essaya de le mettre en feu. Il pensait ainsi renvoyer le feu avec ses présents « expiatoires ». Si l'arbre ne brûlait pas tout entier, il plaçait des brandons enflammés dans les branches, ou abattait l'arbre et le brûlait avec les sacrifices. Il répéta ce rituel chaque année, comme une sorte d'action de grâce, de crainte et d'apaisement. Ce rituel a été exécuté, sous une forme ou une autre jusqu'à aujourd'hui.

Comprenant que la chance d'obtenir de nouveau prochainement du feu de cette manière était minime, le chamane – plus tard connu également sous le nom de *Flamine* ou « Gardien de la Flamme » – ordonna aux jeunes vierges du clan de garder à tout prix ce feu allumé en permanence. Étonnamment, à des milliers d'années de là, les Romains, qui savaient pourtant parfaitement comment obtenir du feu, exécutaient encore ce même rituel préhistorique de la « garde du feu ». Sous le contrôle du prêtre romain (toujours appelé *Flamine* [latin, *Flamen*]), les vierges vestales continuaient de maintenir le feu éternel, sous peine de mort si elles le laissaient mourir.

Même si certains hommes savaient probablement déjà se servir du feu il y a 800 000 ans, et le créer il y a quelque 100 000 années, il existait encore, à une date aussi récente que notre XIXe siècle, des peuples (les Tasmaniens) qui ignoraient comment allumer un feu. Les mythes de l'origine du feu, comme le rituel de son entretien – transmis de génération en génération – sont, par conséquent, à la fois anciens et assez récents. Encore aujourd'hui, une flamme est entretenue en permanence dans de nombreuses églises, mais les fidèles ignorent généralement pourquoi, ou alors on leur a fourni quelque nouvelle raison religieuse, en oubliant que des flammes semblables brûlent dans des temples similaires de presque toutes les religions.

Je mentionne cela pour montrer à quel point de tels rituels et traditions peuvent être solides et durer longtemps. Une fois que l'esprit de l'homme a été programmé par le rituel, il se comporte quasiment comme un ordinateur, et le reprogrammer devient presque impossible. Voilà pourquoi nous célébrons encore la fête de l'Arbre de Feu, ce qui signifie que les racines de notre arbre de Noël remontent de 100 000 à 800 000 ans en arrière.

Le feu, l'éclair/foudre, la sexualité et la fertilité ont toujours été reliés les uns aux autres et au symbolisme du serpent. Plusieurs messagers et gardiens de Dieu furent, à certains moments, représentés sous forme de serpent ou d'éclair : les Séraphins des Babyloniens, des Hébreux, des Cananéens, des Amorites et des Hittites, ou l'ange déchu Lucifer (littéralement, le « Porteur de lumière et de fer » [1]). L'histoire du vol du feu dans le Ciel, par un serpent-éclair qui le donna à l'homme, existe dans presque toutes les cultures, du Grec Prométhée au Germanique Loki, aux légendes indiennes, à l'histoire biblique du Jardin d'Éden, dans laquelle le serpent (éclair) tente Ève avec le fruit (symbole de feu et de fertilité) de l'Arbre de Connaissance (lire : « l'Arbre de Feu », également appelé « Arbre de Vie »).

Dans toutes les histoires, une fois que l'homme a la connaissance de l'usage du feu (et apprend comment travailler les métaux), il acquiert le pouvoir et le contrôle sur son environnement et sur la vie, mais au prix d'un bannissement éternel du Paradis et de son état animal idyllique d'innocence (ignorance) – l'état dans lequel il se trouvait en totale harmonie et symbiose avec le cycle de la Nature, autrement dit le cycle Naissance-Vie-Mort.

Je n'ai jamais cessé d'être fasciné par l'incroyable conscience manifestée par ce que nous, les hommes modernes, appelons avec tant de condescendance les « païens primitifs » et par leur profonde appréhension de la psychologie, de la philosophie, de la sociologie et de la Nature. Ces peuples conçurent ces mythes, racontèrent ces histoires et les transmirent oralement, génération après génération, prévenant toujours l'homme contre le danger de trop convoiter le pouvoir, la richesse matérielle excessive et le contrôle de la nature, mettant encore en garde contre les efforts de l'homme pour défier la mort, chaque fois qu'il essayait – en vain – d'atteindre l'immortalité.

Jusqu'à aujourd'hui, le mythe de l'Arbre de Feu n'a cessé de nous apprendre à nous émerveiller à propos de la Nature ; à être reconnaissants pour les miracles du Feu, de la Lumière et de la Connaissance, en nous rappelant d'utiliser nos pouvoirs avec sagesse, amour, et jamais égoïstement. Il nous prévient aussi qu'une responsabilité nous est incombée avec l'utilisation et le contrôle de cette connaissance « volée » (désormais atomique !), en nous précisant le prix terrible que l'homme peut avoir à payer pour le viol de la terre et le marchandage de la Nature, ou, comme ils ont coutume de le dire, pour avoir « essayé de pénétrer dans le royaume des dieux ».

1. *N.d.T.* Étymologiquement, le dernier membre du nom est en fait le verbe « porter » et ne désigne donc pas le métal. Aussi Lucifer est simplement le Porte-Lumière.

Vous pouvez vous demander ce que ce vieux mythe peut avoir à faire avec notre arbre de Noël d'aujourd'hui ? Après tout, selon l'histoire officielle, le Prince Albert, époux de la reine britannique Victoria, aurait, en 1840, apporté l'arbre de Noël en Angleterre de son Allemagne natale (où, suppose-t-on, il aurait été « inventé » quelque part au XVIe siècle). Pour prouver cette histoire, on avance généralement un récit allemand de 1521 et une peinture de Strasbourg représentant le « premier arbre de Noël connu » (voir illustration en couleurs). D'Angleterre, la coutume de l'arbre de Noël se serait alors répandue au reste du monde.

Voilà une belle histoire, mais elle est incorrecte ou, au moins, incomplète. L'arbre de Noël est mentionné en Angleterre dès 1789, donc bien avant le Prince Albert. Quand au VIIIe siècle, saint Boniface arriva pour convertir les Païens nordiques, le culte de l'arbre était encore si populaire qu'il sentit qu'il devait faire abattre l'ancien arbre sacré consacré à leur dieu, Wodan [1]. Plus tard, au Moyen Âge, les représentations chrétiennes appelées Mystères mirent également en scène des arbres décorés. Si l'Église commença par chercher un compromis en ajoutant des hosties eucharistiques aux ornements, elle interdit bientôt complètement le rituel de l'arbre.

Il ne survécut que dans certaines régions païennes des pays baltes, trop lointaines pour être contrôlées par l'Église. La cérémonie de l'Arbre de Feu – comme nous l'avons mentionné plus tôt – a existé sous une forme ou une autre, depuis une date bien antérieure à la naissance de Jésus, autrement dit depuis ce jour où, pour la première fois, l'homme regarda émerveillé ce feu, qu'il venait de recevoir d'un arbre en flammes. (Il est probable que le récit du Buisson ardent de Moïse soit relié au mythe de l'Arbre de feu.)

Chez tous les peuples d'origine indo-européenne, on trouve des traditions visant à retourner aux dieux le feu « dérobé », en association avec des sacrifices destinés à compenser ce « vol ». Elles sont généralement liées au Nouvel An, à

---

1. *N.d.T.* Chez les Germains, l'arbre sacré majeur était le chêne, consacré au dieu du Tonnerre, Donar-Thor. Boniface fit abattre le plus célèbre chêne sacré de Germanie qui était sis à Fulda et sur son emplacement il érigea l'un des plus célèbres sièges religieux d'Allemagne.

En haut : Le Feu : Prométhée le dérobe dans les cieux et le donne à l'homme. Ce bas-relief grec est une parfaite illustration de l'ancien mythe de l'Arbre de Feu. À gauche, un homme primitif indique la source du Feu, qui lui permet de faire des outils et des armes pour défendre sa liberté (indiquée par le forgeron arborant le bonnet phrygien, symbole de Liberté, porté dans l'Antiquité par les esclaves qui avaient été affranchis). Le jeune couple amoureux (à l'extrême droite) symbolise la créativité sexuelle attribuée au feu. **En bas** : La fonction des Vestales romaines vierges était de garder le feu allumé dans le temple. Si jamais il s'éteignait, le châtiment était la mort et un nouveau feu ne pouvait être obtenu que par la foudre.

En haut : Un arbre de Noël anglais de la fin du XIXe siècle. **En bas** : L'allumage des bougies sur les sombres rameaux du conifère. La chaude incandescence de la flamme et du feu semble réveiller dans l'inconscient de l'homme la sensation de terreur qui s'empara de lui lorsqu'il reçut originellement le Don du Feu.

Pâques [1] (marquant originellement le début de l'année) ou aux Solstices (particulièrement le Solstice d'Hiver, qui est célébré à Noël).

Il est important d'être conscient que nous traitons de ce qui fondamentalement constitue une seule et même sorte de rituel et de célébration, même si ce rituel, pour différentes raisons, finit par être célébré à des dates très variées selon les tribus.

Plusieurs facteurs eurent une influence sur cela :

1. les hauts et les bas des différentes religions (païennes autant que chrétiennes) et leur propagation,
2. le degré d'adoption par une culture des rituels d'une autre,
3. le degré de contrôle que les dirigeants avaient sur le peuple,
4. les problèmes de calcul et de conservation du temps et de différences de saisons selon les latitudes.

1. *N.d.T.* La fête d'Ostara (déesse de la fécondité dont les attributs sont notamment l'œuf et le lièvre...) pour les païens, dont les langues nordiques ont conservé le souvenir direct (par exemple, Pâques est en anglais, *Easter*, en allemand, *Oster*...).

2

Religion survivante

Pendant des milliers d'années, l'approche de l'homme à l'endroit de la religion fut un conflit entre deux concepts :

Le Célébrant : L'individu qui essayait personnellement de comprendre la signification de la Vie en l'aimant et en la vivant le plus pleinement possible, qui regardait l'infini des cieux constellés, se réjouissait du retour quotidien du soleil, célébrait l'exaltation de la chasse, l'extase du sexe et le miracle de la naissance ; et tout cela en ressentant que lui-même était une partie de la Force de Vie, qui le récupérerait joyeusement à la fin de ses jours.

L'Adorateur : Celui dont la foi était fondée sur la peur et particulièrement la terreur d'une Force d'une puissance et d'une autorité infinies, un dieu jaloux qui devait être flatté, adoré, apaisé et avec lequel on devait négocier de la même manière que l'on devait traiter avec le vieux chef du clan. De ce fait, on s'arrangeait avec lui pour obtenir des faveurs, pour être « sauvé » ou pour être pardonné lorsque l'on se sentait coupable d'offenses (péchés) culturelles ou rituelles. Mais comment s'effectuaient de tels arrangements ? Eh bien, comme avec le chef, en traitant avec ceux qui laissaient croire qu'ils étaient les seuls à connaître la parole de Dieu, les seuls à savoir comment intercéder auprès de lui (souvent en se faisant payer).

Le conflit entre ces deux concepts affecte encore nos religions d'aujourd'hui ; avec les fondamentalistes comme représentants de référence du « Culte/Adoration ». Cependant, la plupart des religions semblent contenir des éléments des deux concepts.

Les religions surgissent communément de la culture et de l'environnement. Elles se propagent avec la culture, et sont généralement imposées aux populations conquises. Même si la nouvelle culture devient populaire et que la nouvelle religion s'enracine, des courants souterrains des vieilles culture et religion continuent d'exister et tendent à refaire surface dès que la nouvelle structure de pouvoir et sa religion montrent des signes d'affaiblissement.

Nos coutumes et religions sont gravées dans nos esprits : elles sont absorbées sans question dès notre prime enfance et continuent de s'imprimer pendant tout le reste de nos vies. Par conséquent, nous avons rarement une compréhension critique de notre religion et de ses effets sociaux, culturels, politiques et économiques. L'Histoire montre que notre attitude vis-à-vis des autres points de vue religieux n'est tolérante que lorsque leurs buts sociaux, politiques et économiques coïncident avec ceux de notre propre culture. Quand les buts sont en conflit – comme ce fut le cas pendant l'Inquisition et l'Holocauste, et aujourd'hui en Irlande du Nord, en Inde, dans les Balkans et au Moyen-Orient – la religion manque à ses préceptes les plus fondamentaux de Paix et d'Amour pour s'exprimer férocement. Afin de comprendre correctement nos mythes passés et présents, nous devons saisir comment ils furent influencés par les cultures et religions imposées aux populations originelles par les différents envahisseurs.

Notre mythologie occidentale actuelle ne peut être correctement appréhendée sans avoir quelque compréhension de la philosophie et des pratiques

En haut : Pachacamac, dieu cornu péruvien du feu volcanique, fils du Soleil, dieu de la Nature, apporteur de vie et de mort, créateur et destructeur, apporteur de connaissance et d'art (comparez au personnage des îles Canaries, en bas à droite). **En bas, à gauche** : Quand l'empereur romain Constantin le Grand accorda sa faveur au christianisme et formula cette phrase célèbre « Par ce signe tu vaincras », il n'agit pas ainsi par un amour idéaliste des principes chrétiens (il avait obéi à sa mère), mais utilisa les premiers chrétiens comme cœur autour duquel il comptait rassembler les différentes religions de son temps pour fonder une Église nationale unifiée avec un fort pouvoir politique sur le peuple. **En bas à droite** : Petit « diable » chamanique des îles Canaries. Ce charme porte-bonheur phallique et païen (aujourd'hui vendu comme un souvenir amusant et grivois pour touristes) est une figurine bénéfique, mais – comme dans toute tradition chamanique – inconstante et imprévisible représentant le feu, la sexualité et la force aveugle de la Nature. Dans le cas présent, il représente le feu venant, non de l'éclair, mais du volcan très actif de l'île. Comme avec l'éclair, le feu volcanique était d'une grande aide pour l'homme, mais le volcan pouvait aussi conduire à sa destruction.

païennes dont elle est issue, concept auquel je ferai référence, pour plus de commodité, sous le nom de « Vieille Religion » [1].

La Vieille Religion païenne

Il n'existe naturellement aucune trace écrite des pensées de l'homme préhistorique, mais il est largement prouvé qu'une philosophie païenne existait en Europe bien avant la venue des religions celtiques et nordiques. Par exemple, nous savons que, déjà il y a 60 000 ans, l'homme de Néanderthal avait coutume d'enterrer ses morts, après les avoir parés de fleurs. Bien après l'arrivée du clergé chrétien, des éléments de vieilles philosophies et religions de la Nature étaient encore populaires sous la forme de la foi souterraine des pauvres, mais aussi de certains membres de l'aristocratie vaincue. Dans certaines régions d'Europe, de tels vestiges se sont maintenus jusqu'au XXe siècle, et même aujourd'hui des traces subsistent (nous verrons plus loin qui furent ces anciens peuples). L'étude des tribus et sociétés de chasseurs-cueilleurs [2] d'aujourd'hui, comme les Inuits (Esquimaux) et les Indiens d'Amérique, nous a également permis une meilleure compréhension des vieilles pratiques chamaniques.

En étudiant les philosophies et religions sur de longues périodes de temps, nous sommes confrontés à des conceptions fluides, en constante transformation. Celles-ci se mêlent, se remêlent et échangent leurs noms, leurs héros, leurs rituels et leurs traditions. Elles se retirent temporairement devant les assauts d'une nouvelle religion, puis réapparaissent quand cette dernière et son régime politique s'affaiblissent. Quelques-unes de ces conceptions s'« enterrent » pour longtemps – et refont surface tenacement et fréquemment – comme la Vieille

---

1. À ne pas confondre avec les groupes modernes qui ont commencé à apparaître à la fin du XIXe siècle. [*N.d.T.* La Vieille Religion, appréhendée comme un nom propre désignant cette religion particulière, sera toujours écrite avec des capitales pour la distinguer d'autres religions anciennes dans ce livre.]

2. *N.d.T.* Les sociétés de chasseurs-cueilleurs apparurent avec les premiers outils, soit il y a 2,5 millions d'années en Afrique et 850 000 ans en Europe. Comme leur nom l'indique, ils se nourrissaient des produits de leurs chasses et de leurs cueillettes sauvages. Ils furent remplacés progressivement par des sociétés agricoles sédentaires (en Europe entre 10 000 et 6 000 AEC).

Religion, qui est en fait plus une manière de vivre et une relation avec la Nature qu'une religion. Cette tradition est symbolisée dans toute l'Europe ancienne et sur les rives de la Méditerranée par ses protagonistes chamaniques cornus.

Comme je l'ai déjà précisé, nous avons probablement affaire, dans sa forme la plus pure et la plus ancienne, non pas tant à une religion, qu'à une philosophie de célébration, à la manière de l'homme de se relier aux forces de la Nature et au mystère de la Création. Les premiers hommes croyaient que tout autour d'eux – animaux, minéraux ou végétaux – faisait partie de leur existence, de leur conscience. Dès lors que le monde entier était en équilibre, chaque événement avait une cause, chaque action avait une réaction en résultat. Dans la vie primitive, il n'existait pas de concept de Bien et de Mal, et par conséquent, rien qui ressemble à un péché. D'un côté, il y avait la Création, de l'autre, la Destruction, et entre les deux, la vie et le temps qui surgissaient soudainement. On peut comparer cela à un circuit électrique avec un pôle positif et un pôle négatif. Rien ne survient tant que vous ne court-circuitez pas ces deux pôles, mais alors… Lumière ! Comme la vie, l'énergie, les étincelles, la lumière, la chaleur et le temps naissent et existent jusqu'à ce que toute l'énergie soit consommée, après quoi le temps et l'apparente réalité de l'existence s'achèvent ou meurent.

Une parabole moderne peut mieux illustrer cette contradiction apparente :

L'homme est comme une bougie qui est fabriquée (créée), mais reste sans but jusqu'à ce qu'elle vienne à la vie en étant allumée ; elle « vit » aussi longtemps qu'elle se consume. Quand la cire est entièrement consommée, la lumière « meurt ». C'est ce processus de destruction qui permet à la vie d'exister. La flamme et la lumière qu'elle projette pendant ce court laps de temps sont de l'énergie pure et sont le but principal de sa vie[1].

Ainsi, les forces de création doivent se fondre dans celles de mort et de destruction, pour maintenir la vie et lui permettre de remplir son but. Dans la nature, il n'existe ni juste ni faux, ni bien, ni mal.

Il y avait naturellement – et il y a – d'utiles tabous claniques, mais ceux-là n'ont rien à voir avec le péché dans son sens absolu et religieux. Ils furent origi-

1. Comparez avec le Zen et les concepts de Yin et Yang de la philosophie orientale.

nellement instaurés pour protéger le bien-être du clan (d'une manière semblable aux codes de la route américain ou français qui demandent aux conducteurs de conduire à droite, tandis qu'en Angleterre le code prône l'inverse ; là, le tabou s'oppose à la conduite à droite. La violation de tels tabous peut entraîner des dommages physiques et des châtiments, mais elle ne constitue certainement pas un péché moral dans ces pays).

Pour les païens, le sexe – la rencontre entre le Yin et le Yang – conduit à la Vie. Par conséquent, les organes sexuels et la procréation étaient célébrés joyeusement lors des fêtes. Comme la nudité, ils n'étaient jamais source de gêne ou de honte et il n'y avait pas de raison de les dissimuler. Dès lors que le mode de vie des chasseurs-cueilleurs ne pouvait nourrir qu'un clan très peu nombreux, les risques de consanguinité étaient toujours présents. Aussi les orgies sexuelles interclaniques lors des grandes fêtes de chasse aidaient à enrichir le pool génétique.

Ultérieurement, l'Église chrétienne autoritaire prononça naturellement l'anathème contre tout cela. Elle assimila les concepts païens de Création et de Destruction à sa propre séparation religieuse et morale entre le Bien et le Mal. Son châtiment le plus sévère était réservé à ceux qui avaient péché en ayant du mal à comprendre et à accepter la définition ecclésiastique de ces concepts. Curieusement, la société chrétienne, avec sa logique d'Alice aux Pays des Merveilles, ignore ses propres commandements religieux sur le Péché et le Bien et le Mal absolus quand cela sert ses propres buts.

Le commandement « Tu ne tueras point », par exemple, suggère que tuer un être humain est une erreur morale et un péché. Si vous êtes pris en train de faire cela, vous pouvez vous-même être tué, ou au moins puni sévèrement et déshonoré. Cependant, si les autorités décident de vous mettre un uniforme et vous ordonnent d'aller dans un pays étranger pour tuer autant d'êtres humains que possible, alors, soudainement, le Mal devient Bien. Tuer devient un devoir juste et patriotique, pour lequel vous pourrez être honorés et récompensés par une médaille. Pire, vous vous retrouvez même maintenant dans le Mal et vous pouvez être sévèrement puni si vous refusez de suivre l'ordre de tuer. On en conclut donc que le concept de Bien et de Mal n'est pas un absolu dicté par Dieu, mais qu'il est, comme le code de la route, un ensemble de règles humai-

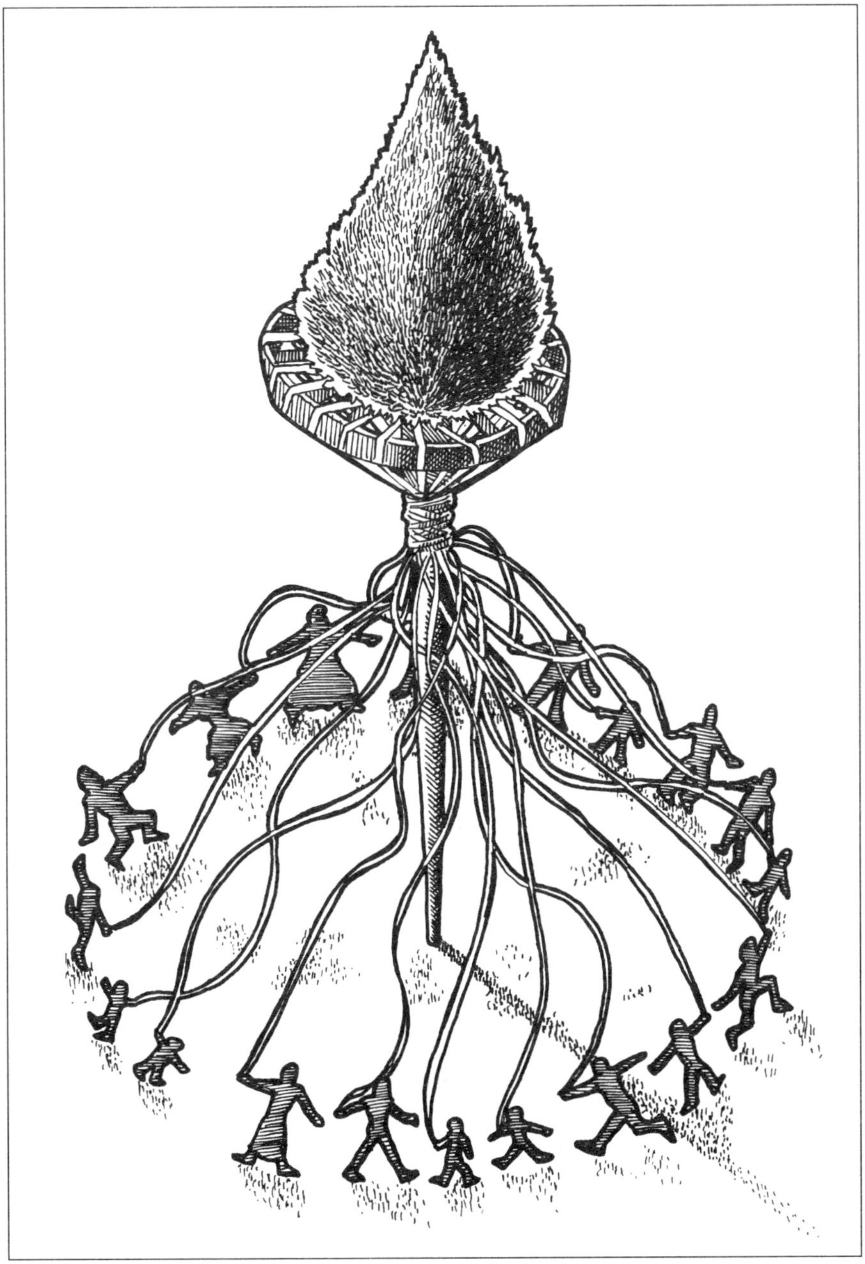

La bûche de Jul et l'Arbre de Mai furent des variantes de l'Arbre en feu ou illuminé. À l'origine, après des célébrations parfois élaborées, ils étaient brûlés avec des offrandes.

nes dictées, ou acceptées, pour s'accorder avec les pouvoirs socio-politiques et les nécessités sociales du moment.

Autre différence : ces païens primitifs ne partageaient pas nos concepts anthropomorphiques ultérieurs de dieux-à-l'image-de-l'homme. Des dieux inconstants, pareils à des rois, loin au-dessus de nous sur un sommet de montagne ou dans le Ciel, nous observant, passant des marchés avec nous, et siégeant pour nous juger consciemment, des dieux utilisant sur nous leur pouvoir terrifiant (et en abusant)... Ce concept fut rendu plus acceptable par les premiers chrétiens en le changeant en celui d'un personnage de Père plus aimant. Comparée à ces conceptions souvent quelque peu étranges, celle des premiers hommes était simple. Comme les Américains natifs, ils croyaient que toute chose, animée ou inanimée – y compris eux-mêmes – faisait partie de la Grande Force de la Nature. On retrouve là une certaine parenté avec l'idée écologique moderne de Gaïa, la terre vivante.

Le premier Occidental se sentait très proche des arbres de ses grandes forêts. Quiconque a passé du temps dans une vieille et auguste forêt, qu'elle soit de conifères ou d'arbres à feuilles caduques, a expérimenté cette impression inquiétante de sentir la vie ancienne tout autour de lui, une vie qui existe à un rythme majestueux et calme dans une structure temporelle bien plus lente que la nôtre. Si on accélère le temps avec un projecteur spécial, le mouvement des branches et des feuilles se fermant et s'ouvrant, en suivant le soleil, apparaît aussi gracieusement vivant qu'une horde de mustangs galopant à travers la plaine. Comme nous le savons également maintenant, les arbres d'une grande forêt ne sont pas simplement des arbres individualisés, mais ils tendent à se connecter entre eux par le réseau de leurs racines.

L'homme pensait que ces arbres abritaient les esprits de l'ancienne vie. Le chamane exprimait cette communion entre l'homme et la Nature. Par le biais d'une imitation théâtrale des forces naturelles, il parlait pour l'esprit de la forêt et de ses animaux sauvages, et il parlait pour l'homme, le chasseur. En essence, il servait d'intermédiaire entre eux, établissant l'amour mystique, le respect et le remerciement du chasseur pour sa proie. Car lui et sa proie étaient une partie d'un seul et même corps de Nature. Cette attitude permettait tant à l'homme qu'à sa proie d'exister, comme les arbres de la forêt qui l'abritaient et lui fournissaient ce dont il avait besoin. Pour le citadin moderne, ce ne sont pas des concepts faciles à saisir, mais tout fermier à l'ancienne mode qui a besoin d'abattre son cochon familier pour se nourrir comprendra.

Comme toutes les religions pré-chrétiennes, la Vieille Religion se reposait sur des sacrifices animaux et à l'occasion humains. Même les Romains exécutèrent des sacrifices humains religieux jusqu'au troisième siècle AEC. De nombreux dirigeants et gouvernements ont condamné les massacres collectifs au nom d'une religion ou d'une pureté culturelle, tribale ou nationale. De tels génocides peuvent aussi être perpétrés en guise de vengeance, voire de distraction. Malheureusement, chaque jour, la télévision et les films nous « distraient » avec des meurtres, aussi bien réels que fictifs (ces derniers étant souvent mis en scène d'une manière effroyablement réaliste) et la violence fascine, stimule et excite encore trop de personnes... et nos enfants.

Naturellement, tout n'était pas parfait dans le monde païen primitif. Les choses restèrent relativement paisibles tant qu'il fut un monde de simples chasseurs-cueilleurs vivant en communauté, mais lorsque l'agriculture et l'élevage se développèrent et que l'augmentation de la population réduisit les terrains de chasse, l'avidité devint un nouveau facteur. Par ailleurs, tous les chamanes n'étaient pas altruistes. Certains abusaient de leur pouvoir et tous les sorciers ou sorcières n'utilisaient pas toujours leur savoir ancestral et les herbes pour guérir. Ils pouvaient aussi empoisonner les adversaires ou fournir du poison pour les flèches qui défendaient le clan contre les nouvelles tribus guerrières qui envahissaient le pays, les forçant à se retirer et à se cacher dans les forêts, les marais et les chaînes de montagnes.

La Venue des Dieux

Des hommes nouveaux, terrifiants, de haute stature, puissants, venant du cœur de l'Europe, envahirent le vieux monde païen des petits chasseurs-cueilleurs. Ces hommes des nouveaux âges du Bronze et du Fer, les ancêtres de l'homme occidental moderne, étaient nomades et éminemment mobiles, avec des chariots et de la cavalerie. Ils élevaient et volaient du bétail et ils firent à ces petits chasseurs-cueilleurs ce que leurs descendants chrétiens infligèrent, 2 000 ans plus tard, aux Américains natifs. Ces hommes apportèrent avec eux de nouveaux concepts de dieux : des intermédiaires divins et mythiques qui étaient un étrange mélange d'esprits de la Nature et d'anciens héros populaires, de chefs ou de pères fondateurs. Ces dieux étaient maintenant reconnus comme les contrôleurs de la Nature et de l'Homme. Pour les habitants originels, ces dieux étaient, comme la nouvelle aristocratie, des personnages inconstants et dangereux, traînant des réputations de viol, de meurtre et de vol aussi bien entre eux qu'à l'égard du reste de la population.

Pour survivre, on devait traiter avec ces dieux, à peu près de la même manière qu'il fallait le faire à l'endroit des nouveaux dirigeants. Parmi les plus appréciés de ces dieux, on avait les divinités solaires (généralement le fils d'un chef des dieux plus importants), qui chaque jour apportait la chaleur et la lumière au monde de l'homme, puis dormait pendant la nuit. Dans le Grand Nord, ce dieu mourait en hiver, mais ressuscitait au printemps. Des réminiscences de cette conception persistèrent jusqu'au XVIIe siècle, lorsque le roi de France Louis XIV se présentait comme le Roi Soleil pareil à un dieu, grand bienfaiteur de la France.

Il peut être important de se souvenir ici que l'homme créa initialement les dieux à sa propre image, et non l'inverse comme les religions judéo-chrétiennes voudraient nous le faire croire. À bien y songer, l'idée que la force suprême de l'univers ait pu choisir un petit mammifère hirsute comme reflet physique et exclusif de son propre être est très étrange et assez improbable.

Certains chamanes éminents et admirés peuvent avoir par inadvertance aidé à donner une image anthropomorphique aux forces de la Nature, eux-mêmes devenant des dieux primitifs, comme l'archaïque divinité germanique Frey cornu et masqué qui, comme Pan, était généralement représenté avec un pénis en érection et une flûte. Tous les deux étaient des dieux de fertilité connus pour déflorer des vierges.

Ces nouveaux conquérants et leurs dieux étaient des chasseurs de gros gibiers nomades et des éleveurs de bétail. La symbiose avec la terre, le partage communautaire et l'égalité de droits étaient maintenant remplacés par une culture guerrière dominée par le mâle, exaltant le droit du plus fort – la classe dirigeante avec ses dieux gouvernants. Ceux-ci, à leur tour, furent remplacés par les nouveaux maîtres et les nouveaux dieux des tribus germanico-nordiques plus fortes, puis par les Romains encore plus forts et mieux disciplinés. Ce schéma d'agression, d'exploitation et de croissance a perduré jusqu'à aujourd'hui. Cette conception macho-masculine comprenait la croissance perpétuelle, l'appropriation indue, la guerre et la réadaptation forcée de l'environnement pour combler les besoins et désirs des individus, plutôt qu'une vie en harmonie avec la Nature. Les conquérants se comportaient partout de la même façon – en Perse, en Grèce, à Rome, en Germanie. La civilisation occidentale moderne naquit ainsi.

Les nouvelles religions et cultures avaient beaucoup en commun et se recouvraient partiellement. Elles associaient des dieux de la Nature dont on avait un vague souvenir avec des héros déifiés et des dieux solaires ressuscitants. Toutes étaient des religions de races guerrières qui envahirent et opprimèrent les peuplades plus anciennes, plus faibles et plus petites, qui avaient pour seul choix de devenir serves ou esclaves ou de se cacher dans des marais, sur des îles éloignées, dans les forêts, ou dans des vallées de montagnes inaccessibles.

Religion et Culture celtiques

Quelques détails de la religion celtique primitive sont connus. Les Celtes semblent avoir eu une multitude de dieux anthropomorphiques et de déesses-mères : chefs héroïques déifiés, dieux de la Nature et animaux mineurs, à côté d'autres qu'ils avaient manifestement adoptés au cours de leurs errances nomades. Certains étaient très anciens, comme le dieu cornu Cernunnos, semblant dériver du personnage chamanique Herne/Pan. Les Celtes possédaient un mystérieux corps de prêtres – les Druides – qui agissaient comme intermédiaires avec certains de leurs dieux. Ils avaient des bosquets et des lacs sacrés et exécutaient des sacrifices humains et animaux. Ils avaient aussi un dieu solaire. Il est, par moments, assez difficile de garder la culture et la religion celtiques isolées de celles du peuple nordique/germanique intimement lié au monde celtique.

Culture et Religion nordique/germanique

De nombreuses manières, ce système de croyances ressemblait intimement et recouvrait la religion celtique – et plus tard la religion gréco-romaine. Ils présentaient des ressemblances résultant de leur passé mutuel indo-européen et même

Ce dessin d'un gaufrier en fer hollandais (1733), avec des symboles païens et chrétiens, est un exemple tardif du curieux mélange de religions chrétiennes et nordiques et de la Vieille Religion qui existait dans les secteurs ruraux reculés.

Entre deux symboles de l'Arbre de Vie, nous voyons la croix chrétienne sous le signe INRI (signifiant Jésus de Nazareth, Roi des Juifs), les outils de la crucifixion, les dés avec lesquels les soldats romains parièrent pour gagner la tunique de Jésus et les deniers de la trahison de Judas. À droite, nous voyons l'échelle de la crucifixion, un fouet et un balai, et le coq, le symbole païen christianisé de l'éclair, du feu, de la virilité et de la renaissance. À gauche, les symboles peuvent être considérés à la fois comme chrétiens et germaniques : la lance (qui transperça les flancs d'Odin et de Jésus) et une forme en 8 au bout d'un bâton (représentant à la fois l'éponge qui étancha la soif d'Odin et de Jésus ou l'Odal, ayant une forme en 8, emblème d'Odin).

La colonne, la croix, et l'échelle symbolisent tous l'Arbre de vie, Yggdrasill, l'arbre du monde, la résurrection, et l'Omphalos/Axe du monde (le phallus du monde de Pan ; de « Tout »). De nouveau, on voit symbolisées les trois religions, avec le trident sur les colonnes comme symbole particulier de Herne/Pan. L'Église condamna plus tard le trident comme symbole satanique.

des ressemblances avec la foi chrétienne ultérieure. Dans le troisième chant des *Eddas* islandaises [1], le dieu Wodan/Odin reste « pendu à un arbre » (Yggdrasill), souffre là pendant neuf jours, se blesse au flanc avec une lance et il est vraisemblablement un grand bienfaiteur de l'humanité en enseignant à l'homme l'art de l'écriture runique. Yggdrasill [2] était l'arbre chamanique, source de Vie et de Connaissance [3], qui se tenait en Midgard (Terre du Milieu), le monde habité par les premiers hommes et Loki le serpent de feu. On distingue ici des similarités avec le Christ sur la croix et le Jardin d'Éden [4].

Culture et Religion gréco-romaines

Celles-ci incluaient le même arrière-plan indo-européen à divinité solaire que la religion nordique-germanique, associé à une assemblée panthéiste de dieux plus anciens et étrangers provenant de nations conquises. Parmi ceux-ci se trouvait Herne, notre ancien chamane, maintenant connu sous le nom de Pan et réduit au rôle d'un esprit mineur de la Forêt.

Religion chrétienne/romaine

En partie, cette religion fut une continuation de la structure religieuse des Romains, mais avec une théologie restructurée établie par l'empereur Constantin au concile de Nicée (325 EC). Pour sa nouvelle théologie (politique), l'em-

---

1. *N.d.T.* Il s'agit en fait du *Havamal* (Le Dit du Très Haut – le Très Haut étant Odin). Voir les strophes 138 sq pour ce mythe spécifique (*L'Edda Poétique*, trad. R. Boyer, Paris, 1992).

2. *N.d.T.* Yggdrasill signifie littéralement « coursier d'Ygg » (Ygg, le « redoutable » est un surnom d'Odin). Cette identification arbre-cheval renforce le caractère chamanique d'Yggdrasill, arbre qui traversait les neuf mondes de la Tradition nordique.

3. *N.d.T.* Le célèbre universitaire mythologue roumain Mircea Eliade disait d'Yggdrasill qu'il était « l'arbre cosmique par excellence ». (*Traité d'Histoire des Religions*, Paris, 1974, p. 238.)

4. *N.d.T.* Mais les différents spécialistes universitaires, et notamment l'académicien français Georges Dumézil, ont depuis longtemps montré que le mythe du dieu transpercé sur l'arbre était bien antérieur au christianisme et qu'il était présent dans le Nord et la mythologie indo-européenne bien avant l'arrivée des premiers missionnaires chrétiens.

pereur utilisa comme ossature la religion chrétienne alors mineure, en la combinant avec les vieilles traditions romaines et des éléments de différentes autres religions prévalant alors, comme celle du dieu solaire ressuscitant Mithra. Mais il laissa incorporer des éléments des cultes populaires méditerranéens des Déesses-Mères à l'Enfant (comme celui d'Isis et de son fils Horus, l'enfant divin) dans sa nouvelle religion paternaliste.

Ce schéma de transformation des divinités et rituels païens populaires se poursuivit au début du Moyen Âge. Les vieilles fêtes païennes furent modifiées de manière à honorer le saint chrétien du jour de célébration traditionnelle de la fête païenne. Avec la fin du Moyen Âge et l'arrivée de l'Inquisition, l'Église fit un effort majeur pour détruire de force tous vestiges subsistants de culture ou de religion païennes. Cependant, elle ne parvint jamais à les éradiquer totalement.

La Réforme protestante

Dans certaines régions, la Réforme provoqua l'effondrement de l'autorité de l'Église romaine. Les vieilles coutumes païennes refirent surface pendant cette période. Elles se répandirent à partir des poches de paganisme qui avaient survécu dans des lieux isolés, comme les îles hollandaises des Wadden (ou de la Frise occidentale), les montagnes bavaroises et les pays comme la Lituanie qui étaient toujours restés païens. Cependant, dès que les protestants furent solidement au pouvoir, ils firent à leur tour tout ce qu'ils purent pour détruire ces réminiscences païennes, mais ils n'y réussirent pas davantage que les catholiques.

À la différence de plusieurs autres religions, il semble particulièrement curieux que la religion judéo-chrétienne ait choisi de présenter le don du Feu, de la Lumière et de la Connaissance comme maléfique. Le Serpent-Éclair, Loki, Prométhée et Lucifer auraient dû être considérés comme les amis des hommes, mais au lieu de cela, ils furent représentés comme des ennemis sataniques de Dieu, tandis que l'humanité était déclarée pécheresse pour avoir essayé d'acquérir la Connaissance. C'était l'attitude typique des anciens clergés en situation de monopole, qui essayaient d'empêcher qui que ce soit de leur faire concurrence en matière de pouvoir et de connaissance. Ils exigeaient un statu quo sans danger et docile et essayaient de détruire tous ceux (y compris des hommes comme Jésus de Nazareth) qui encourageaient les gens à penser en faisant preuve de créativité et d'indépendance, et à échapper au contrôle du Synode ou de la Curie [1].

1. Curie : utilisée dans le sens de la classe gouvernante du Vatican, le corps dirigeant ultra-conservateur par le biais duquel le pape dirige l'Église catholique romaine.

3

Datation et calcul du temps

Quand on s'intéresse aux fêtes d'automne et d'hiver, on note que des célébrations similaires interviennent selon les régions à des époques totalement différentes : certaines ont lieu dès la fin de l'été, d'autres plus tard, par exemple les jours de la Saint-Martin, de la Saint-Thomas, de la Saint-Nicolas ou de la Saint-Pierre, le jour de Noël, du Nouvel An, voire en mars. Pourquoi ? Afin de démêler cette intrigue, nous devons d'abord comprendre comment le comput [calcul] du temps et les calendriers fonctionnent – aussi bien hier qu'aujourd'hui – et comment des changements de computs intervinrent fréquemment dans certains pays, et pas dans d'autres. Deuxièmement, il faut se rappeler que l'automne commençait beaucoup plus tard dans le sud de la France, par exemple, qu'en Norvège ou dans le centre de la Russie.

Pour les hommes les plus anciens, le temps était un concept aussi déroutant que celui de la quatrième dimension l'est aujourd'hui pour le commun des mortels. Le temps était vaguement appréhendé : on parlait d'« avant », « maintenant » et « après », ou il était fondé sur des événements solaires ou lunaires simples, comme « au lever du soleil », « au zénith », ou « au coucher du soleil ».

On ne pouvait fixer de dates futures très éloignées. Dans le meilleur des cas, on disait par exemple « deux jours après la prochaine pleine lune », sinon la précision restait plutôt vague avec des notions comme « après que les neiges ont fondu ». Établir des dates à long terme plus précises était le monopole magico-mystique exclusif de leurs savants (les chamanes et les prêtres), un art secret que ces individus avaient appris à maîtriser étonnamment bien.

La prochaine fois que vous verrez quelqu'un tirer les cartes pour prédire l'avenir, rappelez-vous que ces cartes à jouer furent probablement un amusant calendrier primitif (peut-être d'origine égyptienne) où les 52 cartes auraient représenté une des quatre phases lunaires mensuelles (environ une semaine). Les Maisons symbolisaient autant les quatre saisons que – dans l'ordre décroissant – les quatre classes sociales : les Cœurs (le symbole des organes génitaux féminins) représentaient la Noblesse (qui avait encore le droit sur toute femme) ; les Carreaux incarnaient la caste militaire (représentée dans les anciennes cartes par des soldats portant des lances avec des pointes en forme de carreaux) ; les Trèfles symbolisaient le Clergé (portant originellement des croix de type celtique) ; enfin les Piques figuraient les Paysans (portant précisément des piques). La couleur rouge symbolisait traditionnellement le pouvoir (social, militaire et sexuel), et le noir en revanche la soumission (tant spirituelle que physique).

Si, tout au long de l'Histoire, des confusions sont intervenues dans le comput du temps, c'est en partie dû à l'introduction des calendriers : bien que censés faciliter les choses, ils les compliquèrent en fait. Après des milliers d'années de comput du temps lunaire et solaire précis par les chamanes et les prêtres des religions païennes (dont les calculs différaient, naturellement, selon leur latitude), un système de calendrier annuel fut introduit par les Romains et l'Église romano-chrétienne. Il s'agissait d'avoir un système de date et de conservation du temps uniforme et précis dans tous les lieux de l'Empire romain. Tout officier de l'armée pouvait interpréter ce système pour son propre compte, sans avoir besoin d'un prêtre ou d'un chamane. Malheureusement, ce calendrier primitif se révéla assez imprécis sur de longues périodes de temps. En conséquence, les célébrations (maintenant placées à des dates fixes du nouveau calendrier) finirent par se déplacer et ne plus être synchrones par rapport aux saisons et au calcul du temps antérieur fondé sur la lune et le soleil. Souvenez-vous que la

En haut : Personnages symbolisant les Piques, les Cœurs et les Trèfles. **En bas à gauche** : le Cinq de carreau. **En bas à droite** : Plus un cadran solaire est proche de l'Équateur, plus il est précis. Dans l'hémisphère nord, en raison du raccourcissement des jours en hiver et de l'allongement des jours en été, les heures diurnes du cadran solaire sont plus longues en été qu'en hiver. Les heures n'acquirent une longueur standard qu'avec l'invention des horloges mécaniques.

longueur de l'année – même dans notre calendrier moderne avec ses années bissextiles – dépasse encore de plusieurs minutes ses 365 jours normaux et qu'elle doit donc être réajustée régulièrement [1].

Aujourd'hui, peu de personnes réalisent qu'en Europe occidentale, le calendrier fut changé en 1582 (et en Angleterre simplement en 1752). À cette époque, le début de l'année se déplaça non seulement de deux mois, du 1er mars au 1er janvier, mais en plus, on la rectifia de onze jours. Cela signifie que le 1er mai devint soudain le 12 mai ! Avant cette époque, les dates avaient été fixées en fonction du calendrier julien (dit Ancien Style) datant de 46 AEC.

Le nouveau calendrier dit Grégorien fut instauré par le pape Grégoire XIII pour corriger les erreurs (devenues alors majeures) de l'ancien calendrier. Il établit ainsi notre système actuel. Ceci explique pourquoi les noms des mois de septembre, octobre, novembre et décembre (qui en latin signifient septième, huitième, neuvième et dixième mois) sont, d'une manière très déroutante, devenus les neuvième, dixième, onzième et douzième mois. Ajoutez à cela que les Celtes commençaient leur année à la date qui est aujourd'hui le 1er novembre, et les Germains le 11 novembre [2], et vous comprendrez que la même célébration avait toutes les chances de finir à des dates du calendrier totalement différentes. C'est particulièrement vrai lorsque, comme dans quelques régions rurales, la tradition populaire conservait la vieille datation solaire, alors que d'autres adoptaient le calendrier moderne. Les églises orthodoxes chrétiennes de l'Est restèrent fidèles au vieux calendrier julien jusqu'en 1923.

Pâques est une date fériée encore fixée d'après des événements solaires et lunaires : cette fête se tient le premier dimanche après la pleine lune suivant le premier jour du printemps (approximativement l'équinoxe de printemps, la

---

1. *N.d.T.* Sur le thème du temps et du comput traditionnel du temps, on se reportera à l'excellent travail de Nigel Pennick, *Astrologie runique : L'Espace et le Temps dans la Tradition nordique*, Éditions de Janvier, Combronde, 1995, qui comme son sous-titre l'indique mieux que son titre est un ouvrage fouillé sur les théories du temps et de l'espace dans l'ensemble du monde traditionnel.

2. *N.d.T.* Étant donné les différences de 11 jours entre les différents calendriers, il est possible qu'il s'agisse d'une seule et même date dans le cas des Celtes et des Germains.

date où la longueur du jour et celle de la nuit sont égales). C'est pourquoi la célébration de Pâques tombe à des dates différentes chaque année.

Au cours des siècles, en raison des changements mentionnés plus haut et des erreurs accumulées dans les différents calendriers, le Solstice d'Hiver finit par ne plus être synchrone avec les fêtes. Notre actuel jour de Noël, le 25 décembre, a trois jours de retard. En Russie, il se tient le 6 janvier, tandis qu'en Hollande, on commence la célébration hivernale autour du 6 décembre (Saint-Nicolas). Plus aucune de ces fêtes ne concorde avec le vrai Solstice d'Hiver, qui tombe aujourd'hui le 22 décembre.

Pour ajouter à la confusion, chaque jour « commençait » traditionnellement au crépuscule (comme c'est encore le cas dans la religion juive) au lieu de débuter à minuit. C'est pourquoi nous célébrons encore la veillée de Saint-Nicolas, la veillée (ou réveillon) de Noël et du Nouvel An, etc., alors que, si l'on s'en tient au calendrier actuel, il s'agit de la veille du jour de fête officiel.

Différences de saisons

À mesure que les clans se déplaçaient vers le Nord, la date de la dernière moisson possible tombait de plus en plus tôt (et, par conséquent, il en allait de même de la date d'abattage de la majeure partie des troupeaux, dès lors que cette dernière devait être tuée à cause de l'insuffisance de fourrage d'hiver). Les fêtes de moisson/abattage, qui dans les secteurs du Sud ont peut-être coïncidé avec le Solstice d'Hiver fin décembre, ont pu, dans le Nord, intervenir à des dates aussi précoces que la Saint-Martin (11 novembre) ou la Saint-Nicolas (6 décembre). D'autres changements furent provoqués par l'arrivée de nouvelles méthodes agricoles dans certaines zones. La réserve plus abondante de fourrage qui en résulta permettait aux troupeaux d'être nourris quelques mois de plus, ce qui repoussait la date d'abattage plus loin dans l'année.

Vous comprenez maintenant comment, à cause de tous ces changements, les mêmes rituels et fêtes païens traditionnels intimement liés finirent par être célébrés dans des mois différents. Prenez Noël, le *Thanksgiving Day* [Jour d'Action de Grâce, fête nationale américaine, le 28 novembre], la Saint-Martin, la Saint-Nicolas, la Toussaint/Halloween et le jour de l'An : à un moment donné, toutes ne formèrent qu'une seule et même célébration. Mais les Pères Pèlerins (*Pilgrim Fathers*) américains, par exemple, refusèrent de célébrer leur fête d'automne/hiver le jour de la Noël, qu'ils considéraient comme une fête païenne et papiste (catholique). Aussi déplacèrent-ils leur célébration plus tôt dans l'année, à la fin novembre, où elle s'était déjà trouvée à des époques antérieures. Nous devons aussi nous rappeler que le climat dans cette partie du monde était beaucoup plus rude, et donc qu'une fête de moisson/abattage devait théoriquement intervenir plus tôt qu'en Angleterre.

J'espère que tout cela vous a permis de mieux comprendre le temps, les calendriers et les dates du passé. Nous pouvons maintenant revenir à notre arbre de Noël, à ses origines, et à la mystérieuse figure chamanique qui, après des milliers d'années, se retrouva sous la forme du Père Noël moderne.

4

L'ancienne mémoire

Personne ne sait à quelle date exactement l'homme se mit à utiliser le feu pour la première fois. Il se pourrait qu'elle remonte jusqu'à 100 000 ans. L'usage du feu fut probablement découvert dans de nombreux lieux différents à diverses époques, mais à l'exception des régions connaissant le feu volcanique, cette découverte fut toujours le résultat d'un coup d'éclair. Le mythe et les rituels de l'éclair et de l'arbre en feu, qui gardent vivante la mémoire de cet événement dans l'esprit de l'homme, peuvent être vieux de mille siècles.

Que l'homme ait dû se déplacer en raison des assauts de l'âge glaciaire ou qu'il ait quitté, muni du feu, les chaudes régions subtropicales de ses origines pour les parties plus septentrionales de l'Europe et de l'Asie, les hivers apportèrent un temps effrayant au cours duquel la longueur du jour se raccourcissait progressivement. Les arbres perdaient leurs feuilles et le froid, la neige et la glace semblaient indiquer que le soleil et toute la vie autour de l'homme étaient mourants. C'était un temps de peur – de peur que les forces du mal soient en train de dévorer ou de détruire la chaleur et la lumière vitales de la grande boule de feu dans le ciel. Était-ce en punition pour le péché de l'homme – le vol du feu – que les forces du mal détruisaient maintenant le soleil (cette crainte était semblable à celle que nous avons aujourd'hui lorsque nous nous demandons si le mauvais usage de la science par l'homme est une cause possible du trou dans la couche d'ozone) ? Après tout, l'homme n'avait été capable de se déplacer vers ces régions plus froides du Nord qu'en raison de sa possession du feu et de vêtements. Une fois là – particulièrement au cours du dernier âge glaciaire – les hivers ont certainement été terrifiants, et beaucoup durent mourir dans le froid et la neige avant d'avoir appris à s'adapter.

Il leur a probablement semblé vital d'exécuter un rituel pour apaiser les dieux en leur retournant le feu dérobé, et en leur faisant des offrandes sacrificielles, en pendant des dons dans les branches de l'arbre sacré, puis en enflammant le tout. Comme toute magie, si elle aidait, c'était bien ; si elle n'aidait pas, cela n'avait en tous les cas pas fait de mal. Tout le monde avait passé un très bon moment en exécutant le rituel et on pouvait toujours manger et boire ce qui restait des dons sacrificiels. Ce dernier point était important, dès lors qu'en ces jours anciens (et encore aujourd'hui), ces rituels religieux n'étaient pas simplement des occasions solennelles, mais des temps de grands et joyeux festins, avec beaucoup de nourriture, de boisson, d'amour et de mise en fuite des esprits malfaisants.

Parallèlement, une signification spéciale était attachée aux anciens arbres et aux plantes toujours vertes, comme le lierre, le houx et le gui, qui tous produisaient des fruits en hiver.

Ces plantes étaient utilisées pour décorer les huttes indigènes pendant les fêtes d'hiver, dès lors qu'elles étaient vues comme l'esprit de la vie se perpétuant et comme les annonciatrices du retour du soleil. Dans une lettre écrite en 601, le pape Grégoire Ier le Grand fait référence aux coutumes des indigènes de construire des sanctuaires de branches et de verdure autour de leurs temples païens. Il conseille à ses évêques de laisser le peuple continuer à faire ainsi autour des temples puisqu'ils avaient été transformés en églises chrétiennes, afin d'aider à gagner le cœur et l'esprit de ces païens au christianisme. Il est possible que la coutume juive de Souccot [28-29 septembre] dérive aussi originellement de coutumes païennes semblables.

Le gui était sacré pour les Grecs et les Romains. On disait qu'il naissait lorsque la foudre frappait un arbre (sans l'embraser) et qu'il représentait l'énergie vitale (lire : l'« énergie sexuelle »). Les Celtes appelaient ce gui le « Balai de Tonnerre » (d'après le balai – et plus précisément le balai de bouleau – un ancien symbole sexuel aussi bien des organes masculins que féminins). Les tribus germaniques croyaient que tout ce qui passait sous le gui était embrassé (béni par le pouvoir sexuel) par Freya, leur déesse de la fécondité. Aujourd'hui, 2 000 ans plus tard, nous exécutons encore des rites de fécondité mineurs sous le gui.

Le gui n'était pas seulement vu comme un fruit symbolique de l'éclair, du feu et de l'énergie sexuelle. En raison de cette sexualité, on le considérait aussi comme un symbole de paix. Dès lors que l'expression tribale de cette énergie sexuelle conduisait à l'enlèvement de femmes d'autres clans, mais que ceci, ensuite, entraînait les mariages entre clans, cela tendait à réduire l'activité belliqueuse. On en trouve l'illustration avec le célèbre récit historique de l'enlèvement des jeunes Sabines par les Romains. Au cours de la guerre suivante entre les Sabins et les Romains, les jeunes femmes se jetèrent entre les combattants, levant haut leur nouvelle progéniture. Elles plaidèrent – avec succès – que leurs époux romains, comme leurs pères et frères sabins, devaient arrêter de s'entre-tuer.

Que ce soit au printemps comme le mât de Mai ou en automne/hiver comme la bûche de Jul ou l'arbre de Noël, la tradition de l'arbre enflammé ou illuminé se perpétua tout au long des générations, avec ses coutumes de sacrifices (qui devinrent des dons à l'Église, puis, plus tard, des cadeaux à ses amis et à ceux que l'on aime), de festins, de danses et de rites de fécondité.

Au printemps, un arbre spécialement choisi pour servir de mât de Mai est coupé, les branches inférieures sont enlevées et il est dressé avec une roue (solaire) attachée à son sommet. Il est alors enflammé après quoi un garde est posté pour entretenir et protéger le feu. C'est un excellent exemple de l'ancienne cérémonie du retour du feu, incluant même la prière pour le retour du soleil par son inclusion de la roue solaire. La garde rappelle aussi l'époque où le feu provenant de l'éclair était irremplaçable et devait être alimenté et gardé tout le temps (voir l'exemple des vierges vestales romaines). Des morceaux de bois consumés provenant du feu sont conservés dans la maison ; on croyait qu'ils protégeaient le logis contre la foudre.

En haut : Certains arbres anciens (surtout des chênes) étaient sacrés pour les païens. Nous ne savons pas vraiment pourquoi ils étaient tenus pour sacrés. Ils semblent avoir été des points de ralliement pour la résistance païenne au pouvoir chrétien envahisseur. Partout où l'Église et ses rois et barons affirmaient leur force, ces arbres étaient abattus de force. **En bas à gauche** : Baiser volé sous le gui. La saison de Noël autorisait une certaine permissivité sexuelle. **En bas à droite** : Le houx est une des plantes à feuilles persistantes qui donnent des fruits au solstice d'hiver. Avec ses baies rouge vif, il symbolisait la continuité de la vie quand tout le reste dormait. Il portait en lui la promesse du retour du soleil et d'une nouvelle vie.

En haut : Cette illustration du début du XXe siècle montre un Père Noël païen druidique avec le joker/bouffon chamanique pour assistant. Les personnages sont entourés par des décorations végétales de Noël. **En bas** : Le gui « sacré » était un symbole de fécondité et de survie de la vie pendant l'hiver. Il donne des fruits au solstice d'hiver. Sa présence autorisait un comportement sauvage qui n'était pas toléré en d'autres temps. On le voit ici sur une illustration des ***Aventures de M. Pickwick*** de Charles Dickens.

Ce Père Noël/Santa Claus de la fin du XIXe siècle est représenté avec le houx et le gui.

La roue solaire est reliée aux plus anciennes célébrations de Jul/Noël et associe un grand nombre de significations symboliques. C'est la Roue-Soleil, dont les rayons divisent l'année en saisons et qui montre le mouvement du temps. Quand elle était enflammée et roulée vers le bas d'une colline, elle symbolisait le feu et le retour du soleil. En Europe du Nord, cette coutume existe encore dans certaines vallées reculées. Là-bas, le symbole de la roue solaire en flammes apparaît encore comme décoration sur des milliers de gravures sur bois, de gâteaux, de moules à biscuits, de bois de lit et de broderie.

Aujourd'hui, dans les régions où la cérémonie du mât de Mai est encore pratiquée, celui-ci est rarement brûlé, sauf dans quelques vieux villages, comme Denekamp aux Pays-Bas. Bien que les villageois ignorent la signification de la cérémonie, à Pâques le mât de Mai est solennellement amené d'un manière identique à celle utilisée pour la bûche de Jul dans les pays nordiques. Il est dressé sur la place du village, et un petit tonneau et une roue de chariot (le vieil emblème solaire) sont attachés au sommet. Il y a une génération environ, le tonneau contenait du goudron, qui, une fois allumé, s'écoulait vers le bas du mât et l'enflammait progressivement en entier. C'est aujourd'hui considéré comme trop sale et polluant, donc le tonneau est rempli de copeaux de bois qui brûlent dans une pluie d'étincelles. Vous pourriez vous demander pourquoi on ne brûle pas directement et simplement un arbre, mais vous devez réaliser que dans les froids et humides pays nordico-européens, il était quasiment impossible d'embraser un arbre vert.

Au XVIIe siècle, les Américains puritains (les *Pilgrims*, pères fondateurs de la ville de Plymouth) exprimaient toute leur horreur à la vue de la joyeuse cérémonie païenne identique que les colons anglais leurs voisins célébraient. Les puritains les attaquèrent, abattirent leur mât de Mai et bannirent leur chef.

Pour les Grecs et les Druides celtiques, le chêne (qui attire notoirement la foudre) était l'arbre de feu sacré ; pour les tribus nordiques, c'était le sapin (en anglais *fir tree*, qui fait penser à *fire*, « feu » [1]) ou le frêne. Chaque fois que nous creusons les vieilles traditions, nous trouvons des connexions rituelles entre

1. *N.d.T.* Mais *fir* ne vient pas de *fire*. Étymologiquement *fir* viendrait plutôt d'une racine désignant le chêne, cf. latin *quercus*.

l'éclair, les arbres en feu, les bûches enflammées, les bougies sacrées et les grands brasiers (associés à des rites de fécondité impliquant des sauts au-dessus de ces feux). À l'époque païenne, l'arbre était censé contenir l'esprit de vie. Celui-ci était libéré sous la forme du feu quand l'arbre était frappé par la foudre. Plus tard, les branches de l'arbre de Noël furent supposées protéger contre la foudre, comme les reliquats de la bûche de Jul ou la bougie de Pâques. On dit que les Druides attachaient des pommes dorées à l'arbre pour symboliser le feu, en l'honneur du dieu Wodan (qui donne son nom au mercredi dans les langues nordiques encore aujourd'hui. Voir *Wednesday*, en anglais... Nous développerons plus loin les liens entre ce dieu et saint Nicolas).

D'après Frazer dans son *Rameau d'Or*, certaines tribus africaines pensaient que tous les feux devaient être éteints quand la foudre frappait un arbre – et l'enflammait. Puis un nouveau feu devait être allumé à partir de l'arbre foudroyé. Et, toujours d'après Frazer, dans des parties de l'Angleterre et d'autres endroits, aucun feu, aucune allumette, ne pouvait être sorti de la maison à Noël. Pareillement, la tribu Natchez en Amérique du Nord avait un tabou selon lequel un feu qui s'était éteint ne pouvait être rallumé qu'avec la flamme d'un temple ou avec du feu pur obtenu sur un arbre foudroyé. Dans le mythe perse, c'est Ahriman qui, « jaillissant du ciel comme un serpent (éclair) pour descendre sur la terre », crée l'homme, fait en sorte qu'il acquiert le feu à partir d'un arbre enflammé, et lui enseigne aussi comment cuire les aliments ! Les textes sacrés nordiques connus sous le nom d'*Eddas* contiennent aussi le récit d'un arbre enflammé.

Le mythe de l'éclair/feu est si universel que même la tribu Bochiman d'Afrique du Sud possède un mythe qui parle d'un homme perdant son existence idyllique dans leur équivalent du paradis, lorsqu'il obtient le feu grâce à un éclair.

Le 25 décembre, les Grecs avaient leurs fêtes d'hiver d'Alieia ou Helia (d'*helios*, le soleil), assurant le retour du soleil, peu après une autre fête appelée la Basilinda. Les Romains possédaient des périodes semblables de grandes fêtes et libations appelées Saturnales et Calendes [1], à l'occasion desquelles ils n'échangeaient pas seu-

1. *N.d.T.* En réalité chaque mois romain était divisé en trois parties dont l'une, la dernière, était les Calendes. L'auteur doit faire ici allusion aux fêtes des Calendes de janvier où, à Rome, on s'échangeait des cadeaux (*strena*, qui a donné « étrennes »).

lement des cadeaux, mais décoraient aussi des arbres ou, dans les villes, paraient leurs maisons et enveloppaient des poteaux avec des branches vertes, le tout garni de présents et de lumières. Il existait une grande liberté sexuelle. Les rôles étaient inversés, les maîtres servaient les esclaves et on célébrait des parodies de rois appelés « Seigneurs du Désordre »[1], très proches de nos traditions de carnaval et intimement liés aux « enfants évêques » des festivités de la Saint-Nicolas. Il existait des coutumes encore plus vieilles – très mal vues par l'Église primitive – impliquant des hommes déguisés avec des peaux et des masques d'animaux et des vêtements féminins. On connaissait des coutumes semblables dans la Grèce antique.

L'Europe du Nord possédait une autre version de l'arbre en feu, la bûche de Jul. À l'origine, il s'agissait d'un arbre entier, et plus tard d'une énorme bûche. Elle était tirée à l'intérieur du village ou de la maison pour être rituellement brûlée au moment de Noël. Ses cendres étaient gardées, car on pensait qu'elles possédaient de puissants pouvoirs de fécondité (les cendres de bois donnent de bons engrais) et protégeaient contre l'éclair. Pour cette raison, dans certaines régions, des morceaux de la bûche de Jul sont encore conservés pour être brûlés pendant les orages en vue de protéger la maison.

Bien que la crémation de la bûche de Jul soit principalement connue comme tradition nordico-germanique, il s'agit véritablement d'un rituel indo-européen très ancien, également pratiqué par les Perses. L'origine du mot *Jul*[2] est incertaine. Certains pensent qu'il est relié au mot vieux saxon pour roue, *hweol*, et que le fait de couper et rouler la bûche de Jul conduisit à l'invention de la roue. Cela semble incorrect. Le mot *Jul* existe encore en hollandais sous la forme *joel* ou *jol*, signifiant « fête exubérante, drôle, bruyante », relié au nom gotique du mois de décembre, *juleiss*, signifiant le mois des célébrations et des

1. *N.d.T. Lord of Misrule.* Citons ici l'ethnologue Claude Lévi-Strauss : « Il est généralement admis par les historiens des religions et par les folkloristes que l'origine lointaine du Père Noël se trouve dans cet Abbé de Liesse, *Abbas Stultorum*, Abbé de la Malgouverné qui traduit exactement l'anglais *Lord of Misrule*, tous personnages qui sont, pour une durée déterminée, rois de Noël et en qui on reconnaît les héritiers du roi des Saturnales de l'époque romaine. » (*Le Père Noël supplicié*, in *Les Temps modernes*, n° 77, mars 1952.)

2. *N.d.T.* Le mot nordique Jul se prononce *youle*.

libations[1]. Après tout, les flammes du bois embrasé représentaient aussi la nature sexuelle créatrice – la force vitale de fécondité.

Dans quelques endroits, d'immenses feux sont encore allumés, en diverses occasions, à l'aide d'une flamme qui ne peut être produite qu'en frottant deux morceaux de bois l'un contre l'autre, ou encore mieux (d'après la coutume), qui a été volée quelque part ! Le feu a un pouvoir de fécondité : les gens dansent et sautent au-dessus des flammes, et les libations et activités sexuelles sont nombreuses (comme dans beaucoup de nos réveillons de Noël et du Jour de l'An aujourd'hui). On avait l'habitude de faire passer le bétail au-dessus des charbons ardents, puis les cendres fertilisantes étaient répandues sur les champs.

Même dans des pays où l'Église catholique a maintenu un contrôle total depuis les premiers temps romains, la vénération de l'Arbre de Feu a survécu. On peut notamment le voir à travers d'anciennes coutumes comme celle de la bûche de Noël (littéralement *Yule log*, ou bûche de Jul) en France : un gâteau spécial en forme de bûche, servi autour de Noël et du Nouvel An.

Accessoirement, le mot français *Noël* vient de *natalis*, le mot latin pour « jour de naissance ». Dans la Rome antique, ce jour-anniversaire faisait référence à la célébration du Solstice d'Hiver du 25 décembre, la célébration de la renaissance du Soleil Invaincu (*Sol Invictus*). Plus tard, l'Église changea opportunément cette fête en célébration de la naissance du Christ, bien que la date réelle de naissance de Jésus soit inconnue.

Au VIIIe siècle, quand les premiers missionnaires, Willibrod et Boniface, vinrent pour convertir les Frisons et les Germains, ils ressentirent la nécessité de

1. *N.d.T.* « Plusieurs hypothèses ont été émises quant au sens étymologique de *Jul*. Selon l'hypothèse la plus commune, le sens d'origine serait "roue" (du temps, de l'année ? Cf. l'anglais *wheel*, "roue"), mais aussi "kermesse, fête". *Jul* pourrait aussi provenir d'un ancien *jeochol* (germanique * *jehwla*), "(époque des) tempêtes de neige". Certains auteurs évoquent encore le nom d'un ancien breuvage de fête, *öl*, qui désigne aujourd'hui la "bière" en suédois (cf. l'anglo-saxon *eale*, l'anglais *ale*), voir Jolnir, surnom du dieu Wotan, ou Ulr-Oelr, divinité de l'Hiver. D'autres, certainement à tort, rattachent *Jul* au latin *julivus* (ou *joculus*), "joyeux, enjoué, qui a du plaisir", qui a abouti à l'ancien français "jolif" (féminin "jolive"), au français actuel "joli", à l'italien *giolito*, "état de liesse", et à l'anglais *jolly*, "joli, gai, joyeux". » (Alain de Benoist, *Fêter Noël*, Atlas, Paris, 1982, p. 12. Rééd. Pardès, Puiseaux, 1995.)

détruire de force les arbres sacrés de ces peuples. Pendant des siècles ensuite, l'Église a essayé d'éradiquer toute forme de vénération de l'arbre et du mât de Mai, mais elle n'y est jamais vraiment parvenue, notamment parce qu'elle ne pouvait réellement contrôler toutes les régions excentrées où le paganisme survivait. Quand, avec la Réforme, le pouvoir de l'Église catholique romaine s'affaiblit dans les régions devenant protestantes, la vénération des arbres refit surface sous la forme des arbres de Noël, des bûches de Jul et des célébrations du mât de Mai.

Une peinture allemande du XVIe siècle sur un parchemin (voir illustration p. 79 et pages couleur) montre la plus vieille représentation connue de l'arbre de Noël. Il ressortit pendant la période révolutionnaire où la Réforme venait de briser le pouvoir de l'Église catholique, c'est-à-dire quand des réminiscences des coutumes païennes longtemps réprimées eurent la possibilité de resurgir.

Le fait que les villageois au bas de l'image soient dessinés plus petits indique que les autres sont des figures mythiques plus « grandes que la vie » : d'abord vient le musicien menant la parade, puis l'homme avec son fouet comme son index droit pointé vers le bas (vers l'Enfer ?), suivi par un autre portant le chêne de Noël avec des ornements métalliques brillants et rouges (symbole du feu). Beaucoup oublient que, particulièrement dans les pays avec des climats tempérés, l'Arbre du Feu originel était le chêne, l'arbre sacré germanique.

Le personnage, ressemblant à un pape sur un cheval et rappelant le Sinterklaas hollandais, représente en fait une figure païenne. À la différence des trois couronnes du pape, sa tiare n'en compte que deux, les couronnes des pouvoirs spirituel et temporel, ce qui fait de lui un mythique prêtre-roi païen. Dans sa main, il tient ce qui est probablement un encensoir (ou diffuseur de parfum, un objet de type amulette contenant des substances odorantes), utilisé à la fois pour bénir ou pour exorciser les esprits mauvais : deux activités très chamaniques. Dans ce cas, il semble être en train de bénir l'arbre. Son manteau – avec la vigne vierge verte – indique qu'il est un esprit de la Nature. Je soupçonne une fusion du chamane/roi et du dieu germanique Wodan, deux ancêtres du Père Noël/Santa Claus.

De telles renaissances païennes ne durèrent pas longtemps. Des forces protestantes plus puritaines prirent bientôt le dessus et supprimèrent les rituels de ce

En haut : L'érection du mât de Mai/Arbre en feu dans le village hollandais de Denekamp, le seul village où le mât de Mai est encore brûlé. Notez la forme ressemblant à un balai. **En bas à gauche** : La roue solaire traditionnelle. **En bas à droite** : Cette photo montre comment la tradition et la mémoire inconsciente de l'arbre illuminé ou en feu païen sont encore profondément enracinées. Ce chandelier de sept pieds de haut en forme d'arbre fut récemment conçu pour le crematorium laïc de Velsen aux Pays-Bas.

En haut : Une peinture allemande du XVIe siècle représentant le plus vieil arbre de Noël connu (voir également pages couleur). **En bas** : Ce dessin français montre l'association du culte de l'arbre et l'adoration de saint Nicolas. Il s'agit d'une tentative évidente de l'Église pour christianiser le culte païen de l'arbre et celui d'autres figures païennes traditionnelles. De telles pratiques existaient encore dans de nombreuses parties d'Europe au début du XXe siècle.

type. Ce n'est pas avant la fin du XVIIIe siècle, avec l'arrivée des Lumières et de la Révolution française, que le pouvoir de l'Église fut de nouveau suffisamment affaibli pour permettre une nouvelle résurgence de ces traditions païennes qui avaient secrètement survécu dans des villages de montagne inaccessibles ou des îles isolées. On peut notamment le voir sur une gravure française du XIXe siècle (présentée page 79), qui montre un chêne sacré dans le creux (manifestement créé par la foudre) duquel une statue de saint Nicolas a été placée. Deux jeunes femmes sont en prière au pied de l'arbre, soit pour devenir enceinte, soit pour trouver un mari. C'est un exemple très tardif de la vénération de l'arbre, combinant ses pouvoirs de fécondité avec saint Nicolas, en sa qualité de patron des jeunes femmes stériles.

L'arbre de Noël réapparut sous la forme d'un sapin au cours du XVIIIe siècle, le siècle dit illuminé. Pourquoi un sapin et pas un chêne ?

Le chêne qui, des siècles plus tôt, avait fait l'objet du culte de l'arbre dans les pays germaniques, était devenu rare. Et l'Église se souvenait encore trop précisément qu'il avait été associé aux rituels païens germaniques. En revanche, le sapin, qui, dans les régions montagneuses plus froides des pays germaniques, avait longtemps été l'arbre utilisé pour de semblables cérémonies archaïques, était bon marché et abondant. Il brûlait bien, et sa forme droite permettait son transport aisé. D'après une vieille légende germanique, quand l'ancien Chêne Sacré païen fut abattu par les missionnaires, un petit sapin s'éleva de ses racines. Il devint l'Arbre de Noël par excellence.

Seconde partie

5

Le Chamane : Plus vieil ancêtre du Père Noël

D'où vient le Père Noël moderne [*Santa Claus* en anglo-américain] ? Vers la fin du XIXᵉ siècle, son culte se répandit d'Amérique vers l'Angleterre, et, au cours de la Seconde Guerre mondiale, au reste du monde. Santa ne fut pas – comme le croient certains Américains – inventé par Clement C. Moore en 1823 pour son poème « Une visite de saint Nicolas » (*A Visit from Saint Nicholas* [1]), qui commence par ces mots célèbres : « C'était la nuit de Noël et dans la maison rien ne bougeait… »

C'est d'une autre manière que Santa renaquit en Amérique. En 1626, un navire avec des colons venant des Pays-Bas atteignit l'Amérique et fonda la colonie hollandaise de la Nouvelle Amsterdam *(New Amsterdam)*. La figure de proue de leur navire était celle de saint Nicolas, le saint patron des marins. Ces colons hollandais apportèrent avec eux leurs coutumes des fêtes d'hiver. Au

1. *N.d.T.* Parfois également appelé *The Night before Christmas*. C.C. Moore, professeur de théologie, l'avait écrit pour ses propres enfants peu avant Noël.

nombre de celles-ci, on avait le bon saint Nicolas (connu en hollandais sous le nom de « Sinter Claes », qui fut plus tard anglicisé en « Santa Claus »). À peine trente-huit ans plus tard, la colonie était cédée à l'Angleterre et devenait la Nouvelle York *(New York)*. Bientôt le Hollandais s'effaça, absorbé par une population britannique beaucoup plus importante.

Cent cinquante ans plus tard, le Hollandais n'était plus qu'un souvenir. Seuls quelques-uns de leurs noms – comme Roosevelt et van Buren – demeuraient et quelques vagues souvenirs de leurs coutumes pittoresques. Quand l'essayiste américain Washington Irving mentionna la légende du vieux Santa Claus hollandais dans sa *Knickerbocker History of New York*, cela donna l'idée à Clement C. Moore d'écrire un poème très inexact (où un renne imaginaire remplaçait le cheval blanc traditionnel), dans lequel il réintroduisit Santa Claus et le décrivit comme un elfe. Boyd, son premier illustrateur, ignora ce point et représenta un étrange petit Hollandais fumant une courte pipe d'argile (voir illustration p. 91). Quarante ans plus tard, ce poème fut illustré pour le magazine Harper par le célèbre illustrateur Thomas Nast. N'ayant pas la plus vague idée de ce à quoi pouvait ressembler l'elfe de Moore, Nast, natif de Bavière, dessina Santa Claus sous la forme d'une figure pittoresque dont il se souvenait : un personnage hivernal des villages de montagne de ses Alpes bavaroises ; un gnome plutôt effrayant et peu amical (voir illustration p. 87), revêtu de peaux de bêtes et portant une courte baguette en forme de balai avec laquelle il menaçait filles et garçons.

Au cours des années, le Santa Claus de Nast devint un peu plus amical, jusqu'à ce qu'en 1931, la firme Coca-Cola décidât d'accroître ses ventes auprès des enfants. À cette époque, la loi n'autorisait pas que l'on montre des enfants buvant du Coca-Cola dans les publicités [1]. Alors pourquoi ne pas montrer un Père Noël amical, se relaxant avec une bouteille de Coca que des enfants lui auraient servie ? L'artiste

1. À ses débuts, on disait que Coca-Cola utilisait des feuilles de coca (une plante narcotique dont on tire la cocaïne) dans sa recette. Par conséquent, la consommation de Coca par les enfants était mal vue et Coca-Cola avait même l'interdiction de faire de la publicité à l'intention des enfants. Vers 1931, Coca-Cola avait changé sa recette, mais la loi était encore en vigueur.

Haddon Sundblom fut désigné pour créer un nouveau Père Noël/Santa Claus plus commercial. Au lieu de l'elfe de Moore ou du gnome grincheux de Nast, Sundblom imagina le massif et jovial personnage dans son célèbre costume rouge vif rehaussé de doublures en fourrure blanche (rouge et blanc, les couleurs de Coca-Cola). Pendant la Seconde Guerre mondiale, ce Père Noël à la sauce Madison Avenue [1] marcha vers la victoire avec Coca-Cola, comme si tous les deux étaient en train de conquérir le monde.

Cependant, à dire vrai, ce Père Noël/Santa Claus américain ne représente que le sommet d'un très ancien iceberg. Santa existait bien avant le Hollandais de la Nouvelle Amsterdam, bien avant Clement Moore, Thomas Nast et Coca-Cola. Ses racines remontent à des dizaines de milliers d'années en arrière. La quête de l'origine du Père Noël ressemble à une authentique enquête policière, nous ramenant à la Préhistoire et aux plus anciens concepts de religion.

* * *

Désenchevêtrer les racines d'un personnage mythologique pour trouver son ancêtre originel n'est pas une tâche aisée, dès lors qu'au cours des siècles, ces racines se sont superposées et entremêlées dans une sorte de mélange incestueux. L'histoire du héros d'une tribu peut, par exemple, avoir été récupérée par une autre tribu qui l'a rattachée à l'un de ses propres héros tribaux. Mille ans plus tard, une nouvelle culture a absorbé les deux histoires – qui jusque-là pouvaient sembler distinctes – et les a ajoutées à la biographie d'encore un autre dieu, d'un saint ou d'un héros, acceptables par cette nouvelle culture. La progression qui va du chamane préhistorique au Père Noël du « mercantilisme » moderne est une de ces histoires complexes.

Le Chamane

La plus ancienne tentative de l'homme pour comprendre et communier avec le Mystère de la Vie se fit par l'intermédiaire de l'exemple et des conseils d'un

1. Madison Avenue : artère de New York City où sont basées de nombreuses agences de publicités, et qui de ce fait, symbolise le monde de la publicité.

En haut : Au cours des années, le Père Noël devint plus amical et moins effrayant, comme le montre cette illustration de Thomas Nast. **En bas à droite** : Ce Père Noël américain victorien a pendu son manteau de fourrure en peau d'animal au râtelier et semble assez moderne et civilisé. Seul le diable à ressort dans sa boîte est une discrète allusion à sa nature chamanique effrayante, inconstante et sexuelle (à l'époque l'expression anglaise ***Jack-in-the-Box*** [« Diable à ressort »] était un terme argotique pour désigner la copulation).

En haut : Le Hollandais/Santa Claus de Boyd. **En bas** : L'« Accompagnateur noir » bavarois de Nast, connu là-bas sous le nom de Knecht Ruprecht. Il représente Herne/Pan, encore effrayant et en fourrure, mais il n'a plus de corne et ne montre plus ses organes génitaux.

Coca-Cola is a registered trademark of the Coca-Cola Company.

Le Père Noël/Santa Claus moderne et international, dessiné par Haddon Sundblom, pour la firme Coca-Cola.

chamane ou d'un homme/femme-médecine. De tels individus avaient deux fonctions. D'abord, ils étaient les guides spirituels et les instructeurs du clan. Ils expliquaient et montraient comment rester en harmonie avec les forces de la Nature autour d'eux, interprétant et mimant ce lien mystique. L'autre fonction du chamane était matérielle : étant le premier savant de l'Histoire, il était le Gardien de la Flamme *(Flamine)* – le cuisinier, le gardien de toute connaissance, l'astronome, le mathématicien, le gardien du temps, le juge, l'historien et le barde. Le chamane transmettait des histoires par le chant et les répétait indéfiniment, et, des milliers d'années plus tard, les bardes comme Homère continuaient de la faire. Le chamane enseignait les danses rituelles de la chasse, de la guerre, de la reproduction, de la naissance, de la vie et de la mort.

Pour cela, le chamane utilisait le son, la musique, la danse, le mime, les masques, le maquillage, les costumes et l'art, tout autant que le feu, le sexe et la violence. À ces choses s'ajoutèrent – quand le langage se répandit – le chant et la récitation. La méthode employée ressemblait assez à ce que l'on appellerait aujourd'hui le « showbiz ». Ainsi, le chamane était aussi le producteur, l'artiste et le responsable des relations publiques de son époque. Il était le poète/philosophe du clan qui avait mémorisé toute la Connaissance de la tribu. L'*Odyssée* et l'*Iliade*, comme l'Ancien Testament, sont des versions écrites de semblables philosophies, histoires et connaissances anciennes rassemblées oralement.

Lors des célébrations, le chamane apparaissait masqué, comme la personnification physique de l'esprit de la Nature. Parfois il intervenait en transes, sous l'influence de drogues ou de vapeurs de chanvre (comme la Pythie, l'oracle grec de Delphes). Tandis qu'ils se trouvaient dans cet état, certains chamanes pouvaient parfaitement croire qu'à ce moment, ils devenaient (canalisaient) réellement la voix de l'esprit de la Nature. Ce type de chamane existe encore et nous le connaissons grâce aux natifs de Sibérie et des Amériques du Nord et du Sud. Des aspects de chamanisme subsistent dans différentes religions, y compris dans l'Église catholique, lorsque, par exemple, le pape s'exprime *ex cathedra* (de son siège) et qu'il est censé parler de manière infaillible au nom de son Dieu (l'encens ayant remplacé les vapeurs de chanvre de jadis).

À mesure que l'on s'approche du Solstice d'Hiver, les jours raccourcissent et les nuits rallongent. Dans le Grand Nord, le soleil peut disparaître complètement et les ténèbres s'abattent alors sur la terre. Mais, le lendemain du solstice, les jours commencent à rallonger, le soleil réapparaît et s'élève de plus en plus haut dans le ciel, tandis que les nuits raccourcissent à leur tour. Un réveil général s'ensuit : dans la nature, la lumière solaire plus abondante réchauffe la terre et entraîne la résurrection de la vie et le reverdissement de la terre. Au moment du Solstice d'Été, ce processus est, naturellement, inversé.

Il est évident que si un chamane pouvait apprendre le mystérieux secret du calcul des moments exacts de ces solstices, il pouvait alors renforcer fortement sa position en prédisant « miraculeusement » le jour exact du retour du soleil. Il pouvait mettre en scène cette cérémonie, en la faisant coïncider avec le retour des dons sacrificiels du feu, après quoi – comme par enchantement – le mal des ténèbres était apaisé et exorcisé. Et, aux yeux émerveillés des non-initiés, les jours se mettaient immédiatement à rallonger. Le dieu-soleil avait été sauvé ou il ressuscitait ! L'initié pouvait savoir quand interviendrait le « miracle » du solstice en regardant les modifications des ombres projetées par des pierres levées ou des poteaux, puis en marquant la position exacte des ombres sur le sol. Bientôt la terre abonda de temples possédant de tels calendriers primitifs et d'autres pierres-repères astronomiques. Ainsi la science primitive de l'astronomie, de l'arithmétique et du calendrier fut détournée pour fallacieusement donner un pouvoir personnel « magique » au chamane grâce auquel il pouvait acquérir un pouvoir social et s'enrichir. Mais cela signifie aussi que ces individus cessèrent d'être des chamanes et devinrent les fondateurs des premiers clergés et fraternités secrètes, qui gardaient soigneusement leur connaissance « magique » et l'entouraient de rituels et de jargons hermétiques pour que d'éventuels concurrents aient beaucoup de mal à découvrir leurs secrets. De semblables loges secrètes devinrent plus tard populaires avec d'autres corps sociaux, comme les maçons, les forgerons et les médecins (jusqu'à aujourd'hui, les médecins semblent s'ingénier à rédiger leurs ordonnances dans une sorte de code illisible que seul un pharmacien formé peut déchiffrer).

De tels mystères religieusement gardés furent conservés hors de portée de l'homme ordinaire, mais les détenteurs du pouvoir physique, les rois guerriers, réalisèrent bientôt que, en travaillant en partenariat avec le clergé et ainsi en combinant le pouvoir physique avec les pouvoirs scientifique et émotionnel, ils

Cette variante montre la nature universelle et archaïque du personnage chamanique de Herne/Pan (illustration de l'Est de la Russie, originellement dessinée par un membre d'une expédition hollandaise du XVIIIe siècle). Notez les peaux d'animaux et les pattes de bête griffues aux pieds du chamane.

En haut : Cette photographie de danseurs cornus anglais est remarquable en ce sens qu'elle montre aussi un homme (au premier plan à droite) portant une jupe – la vieille coutume chamanique de l'habillement interverti occasionnel. **En bas** : La danse d'Herne à Abbots Bromley, en Angleterre (originellement exécutée à Noël) est un ancien rituel chamanique, qui jadis avait pour but d'assurer magiquement une bonne chasse et la fécondité des troupeaux.

pouvaient acquérir le pouvoir absolu. Ce fut l'origine des Prêtres-Rois. De telles traditions durent longtemps. Sa Majesté la Reine d'Angleterre est, par exemple, non seulement la souveraine du royaume, mais aussi la tête de l'Église d'Angleterre.

La découverte des moyens de propagation plus large de la connaissance au public – d'abord par la parole, puis par les inventions de l'écriture, de l'imprimerie et du papier bon marché ; l'explosion actuelle des nouveaux moyens de communication en est l'expression moderne – eut toujours pour résultat des tentatives révolutionnaires contre l'exploitation de ces moyens par l'établissement religio-éducatif et ses classes dirigeantes. Les efforts de l'Église et de l'État pour contrôler ces nouveaux médias auraient vengé ces éminences grises en leur permettant de conserver leur monopole sur le pouvoir, la connaissance et le contrôle des esprits.

Un autre effet malencontreux frappa les premiers chamanes. Certains chamanes particulièrement sages, talentueux et inspirés – dont les générations ultérieures se souvinrent – furent eux-mêmes changés en héros mythiques et finalement en demi-dieux. Souvenez-vous que des performances symboliques furent transformées en « réalité » après la mort de leurs exécutants. C'est là un événement commun dans de nombreuses religions. Siddhartha, un prince indien, devint Gautama Bouddha. Le charpentier et instructeur rabbinique nazaréen Jésus fut perçu comme le Sauveur attendu, le Christ, et devint le héros mythique du christianisme – demi-homme par sa mère, et de fils de Dieu. À un niveau moderne moins exalté, après sa mort prématurée, on se remémore Marilyn Monroe – une jeune actrice tragique et sensuelle – et on la transforme en une moderne déesse de l'amour, une Vénus du XXe siècle. C'est à peu près de la même manière que la mémoire d'un de ces héros-chamanes primitifs a peut-être donné le demi-dieu/esprit Herne/Pan. Celui-ci était chaque année mis en scène par les nouveaux chamanes par l'intermédiaire de restitutions sexy et anthropomorphes des performances originelles à destination des publics d'admirateurs effrayés mais joyeusement stimulés.

Cependant les chamanes originels n'étaient pas des prêtres et encore moins des dieux, mais des membres du clan respectés et informés, qui « faisaient ce qu'ils sentaient » en revêtant des masques et des déguisements, qui faisaient cela parce que le clan le leur avait demandé. Tous ceux qui connaissent bien le rituel de saint Nicolas, tel qu'il est encore exécuté vers décembre dans toutes les villes des Pays-Bas, seront obligés d'admettre que la personne apparaissant déguisée en Sinterklaas (l'équivalent hollandais de Santa Claus/Père Noël) est traitée avec grand respect (même s'il s'agit de nos jours d'une mise en scène), même par le maire de la ville ou la reine ! Jouer ce rôle chamanique est encore considéré comme un insigne honneur.

Comme l'homme primitif simple, les enfants ont toujours été très à l'aise avec les personnifications symboliques : ils mettent un masque et deviennent véritablement le monstre effrayant, ou toute autre chose que le masque représente pour eux et leurs amis. Par moments, même les adultes modernes se comportent ainsi. Malgré le proverbe, si un homme s'habille en médecin, en ministre ou en général, il va être traité avec grand respect, sans qu'on lui pose la moindre question qui pourrait lui nuire. Mais le fascinant effet secondaire de cette attitude, c'est que les rôles que ces individus ont usurpés, semblent souvent les grandir ; leurs actions ont plus de valeur et sont plus responsables qu'elles ne l'étaient auparavant.

De la Préhistoire à une date bien avancée du Moyen Âge, le chamane le plus respecté du clan semble avoir été appelé *Duyvel* (alors un titre respectable qui n'était pas synonyme de Satan). D'autres initiés et initiées qui agissaient en qualité de savants, guérisseurs, sages-femmes et herboristes étaient appelés sorciers ou sorcières. Tous furent tenus en grande estime jusqu'au XVIe siècle. Quand il apparaissait en tant qu'esprit de la Nature, le chamane portait généralement un masque, des cornes et des peaux d'animaux. Il était Herne/Pan – le Cornu – le chef de la Chasse Sauvage. Il dansait, jouait de la musique et son pénis était en érection pour symboliser la procréation. Le Musée d'Histoire Naturelle américain possède des masques de natifs américains avec des cornes de cerfs, qui sont presque identiques à ceux que l'on trouve sur les gravures de cavernes de Dordogne (voir illustration).

Il est intéressant de noter à quel point de semblables démonstrations de prouesse sexuelle étaient encore communes au Moyen Âge, particulièrement chez les hommes des classes dirigeantes. Dans les années 1450, pendant le règne du roi d'Angleterre Édouard IV, les nobles avaient coutume de porter

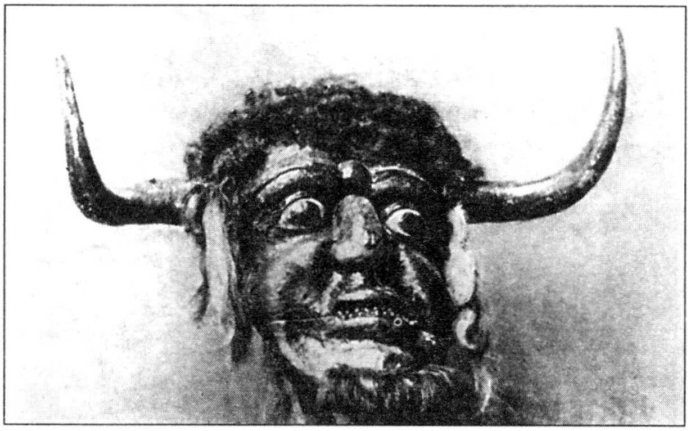

En haut : Les masques chamaniques cornus ont continué d'exister en Europe jusqu'au XXe siècle, pour finir en jeux d'enfants destinés à faire peur (premier plan au centre). **En bas** : Il s'agit là de l'un des derniers masques chamaniques connus en Angleterre. Il disparut à la fin du XIXe siècle, quand il fut volé dans la maison de ses propriétaires (dans le Dorset). Son âge exact est inconnu. Notez la ressemblance entre le masque et le « jouet » de l'illustration ci-dessus.

En haut : Les danses chamaniques. Sur ce bas-relief vieux de 10 000 ans, le chamane Herne/Pan danse derrière un groupe de biches (de rennes ?), et utilise un archet pour jouer d'une sorte d'instrument à corde. Il semble s'agir d'un rituel symbolique de fécondité (notez le pénis en érection) pour magiquement améliorer la croissance du troupeau. Jusqu'à une date assez récente, il était ordinaire de faire passer le bétail sur les braises ardentes des brasiers de Noël pour produire le même effet, dès lors que les cendres d'un feu « sacré » étaient censées garantir la fécondité. **En bas à gauche** : Dessin représentant une statue grecque de Pan. **En bas à droite** : Cet ancien vase grec montre une version du chamane Herne/Pan avec son pénis en érection.

*L*e retour de l'arbre de Noël. Depuis le VIIIe siècle, l'Église chrétienne essaya de faire cesser le culte païen des arbres et du feu, mais n'y parvint jamais vraiment. Avec la Réforme protestante, beaucoup d'anciennes coutumes païennes refirent surface, comme le montre cette peinture (1521), la plus ancienne peinture allemande connue d'un arbre de Noël. Le personnage sur le dos du cheval n'est pas le pape ni un prêtre chrétien. Sa tiare n'a que deux couronnes et pas de croix au sommet ; son manteau est décoré de feuilles vertes, nous disant qu'il s'agit d'un dieu de la nature, d'un chamane ou d'un prêtre-roi d'une religion païenne.

*P*apier d'emballage des années soixante montrant Saint Nicolas et Pierre le Noir sortant des cadeaux.

L'arbre généalogique de Santa Claus

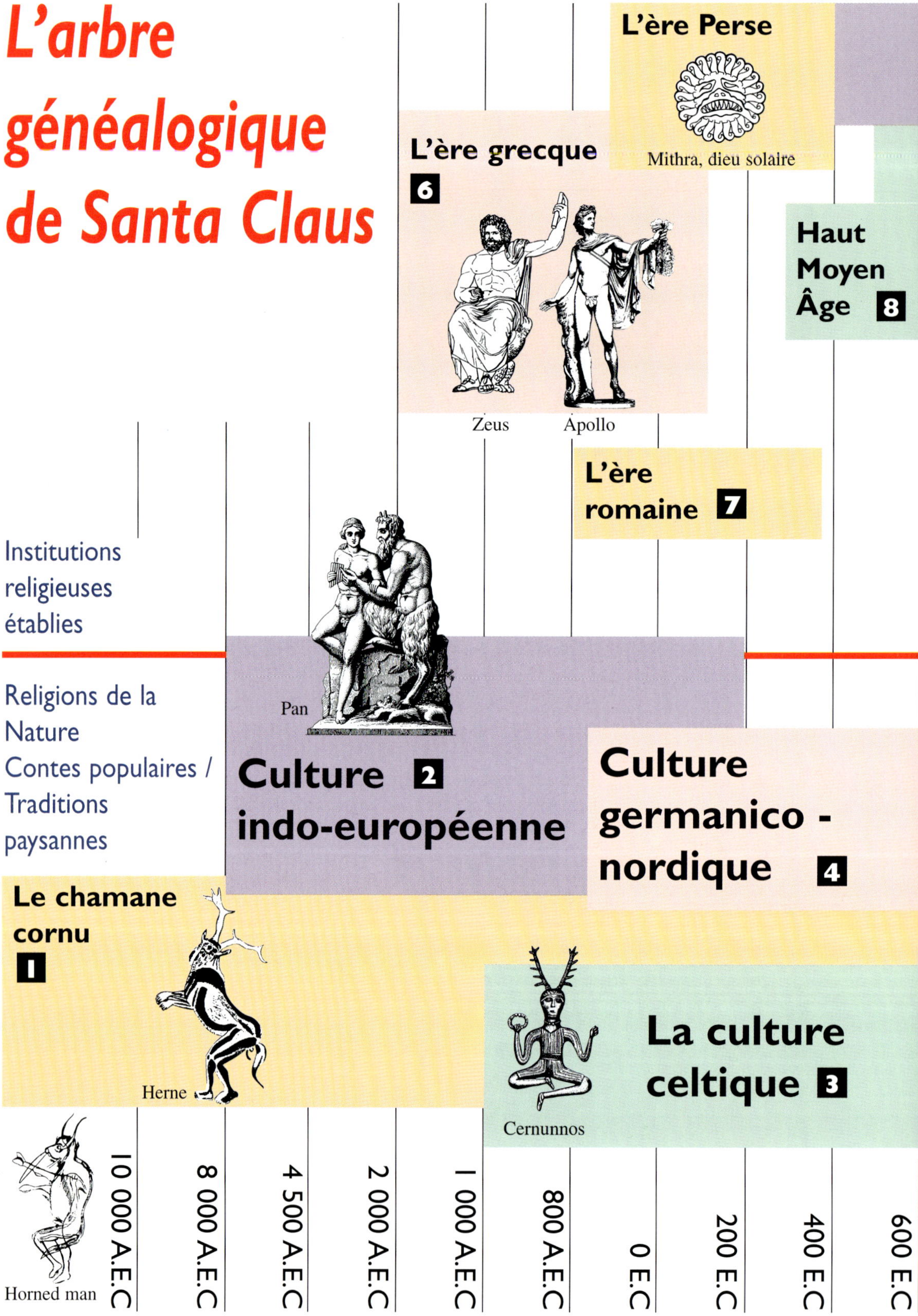

9 Le catholicisme romain

Le culte de Saint Nicolas

St-Nicolas

Le Monde moderne 5

Black Pete

Sinte klaas

Santa Claus

Coca-Cola is a registred trademark of the Coca-Cola Company

La Renaissance

L'ère gothique

Le Bas Moyen Âge

La Réforme protestante 10

Zwarte Piet

Robin Goodfellow

800 E.C

1 000 E.C

1 200 E.C

1 400 E.C

1 600 E.C

1700 E.C

1 800 E.C

1 900 E.C

Institutions religieuses établies

6 L'ère grecque

La religion grecque commença autour de 2 000 AEC avec le panthéon indo-européen, qui incluait Pan (maintenant un esprit mineur du Sexe, de la Forêt et de la Nature). Leur dieu principal, Zeus, avait un fils, Apollon, qui était un dieu solaire ressuscitant.

7 L'ère romaine

La religion romaine, qui se développa vers 800 AEC, intégrait un mélange de la vieille religion de la Nature et du panthéon indo-européen. La religion romaine absorba bientôt les dieux grecs, comme Zeus, qui se fondit avec le dieu romain Jupiter. On se souvenait d'Herne/Pan sous de nombreux noms, mais seulement en tant qu'esprit mineur de la forêt et du sexe. Le clergé romain devint plus tard le clergé catholique (le pape est encore appelé Pontifex Maximus)

8 Haut Moyen Âge Saint Nicolas

Au début du Moyen Âge, le saint catholique Nicolas fut censé prendre la place des dieux païens dont la fête avait été célébrée le jour de son saint. En réalité, les coutumes du païen Herne/Pan et du dieu germanico-nordique Wodan fusionnèrent avec celles du saint. En Hollande, Herne/Pan, anciennement le serviteur de Wodan, Eckhart, continua d'exister sous la forme du valet de saint Nicolas, Zwarte Piet.

9 Le catholicisme romain

La religion chrétienne romaine monothéiste émergea comme une fusion de religions destinée à unifier l'Empire romain chancelant. Elle existe encore aujourd'hui. Elle est centrée autour des enseignements de Jésus-Christ, qui — comme le Perse Mithra et d'autres dieux solaires indo-européens ressuscitant — était le fils du seul et unique dieu. Elle absorba le culte méditerranéen de la Déesse-Mère sous la forme de Marie, la mère de Jésus, et fut soutenue par un « panthéon » de saint, dont beaucoup n'étaient rien d'autres que d'anciens dieux païens à peine voilés. Saint Nicolas fut l'un d'eux.

10 La Réforme protestante

La Réforme protestante du XVIe siècle brisa le pouvoir de l'Église catholique. Pendant un temps, on assista à une résurgence de Herne/Pan et de la Vieille Religion avec un retour aux coutumes païennes (y compris l'Arbre de Noël), jusqu'à ce que les puritains et les calvinistes les forcèrent à se ré-enterrer.

Tous ces noms furent donnés au chamane Herne/Pan (avec les traductions locales) :

Bartel*
Black-Man/Homme noir*
Black Pete/Pierre le Noir*
Budelfrau
Buzebercht
Cerne*
Cernunnos*
Diable*
Duyvel*
Frau/Dame Gaude*
Frau/Dame Harke*
Grampus
Heks*
Herne*
Hobb*
Holda*
Kaije*
Klaai*
Klaasoom
Klapperbock*
Klaubauf*
Knecht Ruprecht*
Mère Berchta
Nickel*
Niklo*
Old/Vieux Nick*
Pelzmaerte*
Perchta
Pietje Pek*
Robin*
Robin des Bois
Robin Goodfellow/Gai-Luron*
Silvestre
Sorcier/Sorcière*
Sunderoom
Valet Noir*
Vieille Horne*
Warlock*
Zwarte Piet

(* traduit l'étiquette de Satan donnée par l'Église catholique)

Religions de la Nature Contes populaires / Traditions paysannes

1 Le chamane cornu

Le Chamane en tant qu'Herne, l'Esprit cornu de la Grande Chasse, remonte au moins à 10 000 ans avant l'ère commune. C'est une partie de la philosophie animiste au sein de laquelle l'Esprit de la Nature était personnifié par les chamanes. Elle continua d'exister en Europe, sous la forme de la Vieille Religion païenne, qui survécut jusqu'au début du XVIIe siècle. Elle perdure encore à l'intérieur de certains cultures.

2 Culture indo-européenne

La religion indo-européenne exista vers 8 000-4 500 AEC et se développa probablement à partir des cultes de la chasse chamanique et de l'esprit de la nature. Elle élabora alors un panthéon de dieux anthropomorphiques, incluant un dieu principal sévère avec un fils, le dieu solaire, qui était l'ami de l'humanité. La vieille figure chamanique d'Herne devint Pan, un Esprit de la Nature sexuel. En Europe occidentale, quatre cultures distinctes se chevauchant émergèrent de cette fondation : les cultures divine solaire celtique, germanique/nordique, greco-romaine et iraniennne.

3 La culture celtique

La Culture celtique commença vers 1 000-750 AEC. On sait peu de choses des débuts de leur religion. Ils possédaient un dieu cornu, Cernunnos, qui ressemblait à Herne. Leurs dieux ultérieurs furent un mélange de dieux romains et germanico-nordiques. Les druides celtiques formaient un ordre religieux mystérieux et puissant plus tard absorbé par l'Église catholique.

4 Culture germanico-nordique

La structure de croyance germanico-nordique entra en scène vers 800 AEC. Le dieu principal était Wodan, qui dominait un panthéon de dieux anthropomorphes, assez semblable aux panthéons grecs et romains. Parmi les membres du panthéon germanico-nordique, on trouvait le serviteur de Wodan, Eckhart (Herne/Pan, le chamane ou l'esprit de la Nature), la divinité « capturée » du peuple conquis. Les tribus germanico-nordiques vénéraient les arbres, mais connaissaient aussi le concept d'un dieu solaire ressuscitant.

5 Le monde moderne

La Révolution française et le XIXe siècle réduisirent le pouvoir des Eglises, ce qui permit un retour de nombreuses coutumes païennes, y compris Saint Nicolas, Zwarte Piet et l'Arbre de Noël. C'est le premier développement du Père Noël/Santa Claus aux États-Unis.

Le Santa Claus américain se développa d'abord à partir d'une vague évocation du Sinte Klaas des colons hollandais de New-Amsterdam, mis en poème par Clément C. Moore. Ce personnage était un mélange du catholique Saint Nicolas, du dieu Wodan germanico-nordique et des vieux colons hollandais.

L'artiste bavarois de naissance, Thomas Nast (1840-1907) utilisa Knecht Ruprecht, une figure chamanique bavaroise de son enfance, comme modèle de ses illustrations du Santa Claus/Père Noël américain. Dans certaines parties d'Europe, ce personnage était le Valet noir de Saint Nicolas. Cette figure païenne se servit du nom de Saint Nicolas, et ailleurs le Valet noir — l'ancien chamane païen Herne/Pan — opéra en propre.

Le Père Noël moderne international (commercial) est connu dans différentes cultures, par exemple sous les noms de Santa Claus, Father Christmas, Father Winter, Bonhomme Hiver, Kerstmanetje, etc. Ce personnage naquit aux États-Unis, puis se répandit dans le monde entier en 1932 par le biais de la publicité Coca-Cola (et d'autres réclames).

►Le Père Noël/Santa Claus moderne et international. En 1931, la firme Coca-Cola, désirant étendre son marché aux enfants, décida d'utiliser Santa Claus comme support de sa publicité. Haddon Sundblom fut désigné pour dessiner un nouveau Santa, gros et jovial, habillé en rouge et blanc, les couleurs de Coca-Cola.

◄Art populaire hollandais, collage de saint Nicolas et de Zwarte Piet (Pierre le Noir), son valet (la figure du Valet noir/Herne/Pan). Notez le balai/baguette symbolique toujours présent. Aux XVIIIe et XIXe siècle, on confondit l'allure sombre de l'Accompagnateur avec une prétendue origine négroïde, ce qui n'était pas le cas. L'Église chrétienne du Moyen Âge l'avait représenté comme « sombre », pour signifier sa nature mauvaise ou satanique. Plus tard, certains trouvèrent charmant de le représenter comme un coquin de petit esclave noir, ce qui a aujourd'hui conduit à des accusations de racisme.

Ce Père Noël/Santa Claus, de la firme Coca-Cola, apparut en 1936.

*E*n 1941, ce Père Noël/Santa revisité par la Madison Avenue s'embarqua pour la Seconde Guerre mondiale et, avec Coca-Cola, conquit le monde.

*L*e dernier « Père Noël Coca-Cola », apparut en 1964.

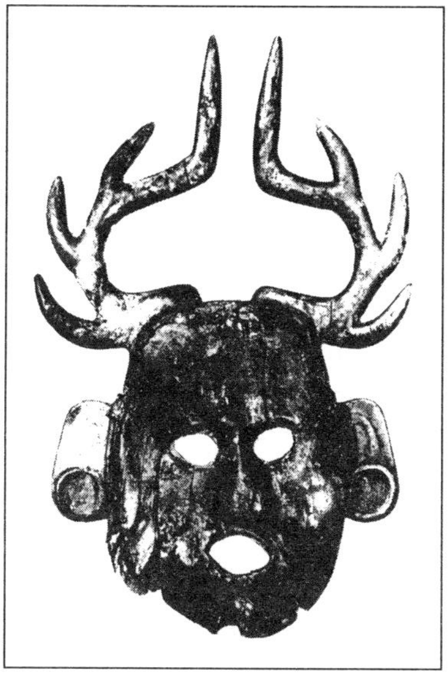

En haut : Ce chamane de Dordogne (détail de l'illustration de la page précédente) est la plus ancienne représentation connue du chamane masqué dansant. Notez les ressemblances avec le chamane de l'Ariège et le masque chamanique nord-américain ci-dessous. Ce personnage pourrait être appelé le premier Santa Claus/Père Noël. Les différences de cornes sont dues aux clans. Les clans ayant pour origine les régions nordiques plus froides chassaient le cerf ou le renne ; les clans de régions plus chaudes et plus boisées chassaient l'aurochs, et prenaient ainsi le taureau comme symbole de Nature et de Protection. **En bas à gauche** : un masque nord-américain du XVIe siècle, avec des cornes presque identiques à celle de la figure de droite. **En bas à droite** : Le chamane cornu, d'une peinture rupestre en Ariège, France, datant d'environ 10 000 AEC.

une paire de bas qui n'étaient pas reliés au sommet et qui – dès lors qu'ils ne portaient pas de sous-vêtements – laissaient nus leurs organes génitaux.

Au-dessus, ils portaient une très courte tunique serrée par une ceinture qui était soit laissée ouverte devant, soit était très courte de manière à exposer effrontément le membre viril. Dès lors que les hommes n'étaient pas tous bien dotés, ils améliorèrent leur exposition de parties charnues en portant la fameuse « braguette » (en anglais *codpiece, cod* étant un mot argotique pour « pénis »), une sorte de large gant rembourré recouvrant les organes génitaux masculins et donnant l'impression d'une vigoureuse érection constante. Ce dispositif provocant était fièrement exposé entre les vêtements. On le voit sur un certain nombre de peintures, jusqu'au XVIe siècle (voir celles d'Henri VIII).

Certaines petites pièces de joaillerie hollandaise du XIVe siècle montrent à quel point la population d'alors était à l'aise avec les symboles sexuellement explicites. Le symbole particulier présenté ici (voir l'illustration page 100) montre l'Arbre de Vie dressé placé dans une charmille décorative en forme de vagin, avec deux petites figures en forme de pénis. Le « voile » dans l'arbre est un symbole traditionnel de vie et de mort, et d'interaction mâle/femelle. Il figure aussi la « vérité cachée aux non-initiés ». C'était une amulette de fécondité donnée aux jeunes femmes.

Jusqu'au XVIe siècle, les maladies sexuellement transmissibles étaient soit inexistantes soit d'importance mineure dans le nord et l'ouest de l'Europe. Par conséquent, les individus avaient toujours joui de liberté sexuelle, particulièrement lors des grandes célébrations. Cependant, comme celle du SIDA aujourd'hui, une épidémie de syphilis – une maladie inconnue jusque-là – donna un coup d'arrêt soudain à cette joyeuse liberté sexuelle et permit à l'Église de présenter cette maladie comme la colère de Dieu contre de telles pratiques païennes permissives.

Le chamane Herne/Pan portait généralement un brandon allumé, un instrument de musique, et le balai de bouleau (la version gréco-romaine de celui-ci devint le thyrse [1]). Cette baguette en forme de balai fut, jusqu'à la fin du

1. *N.d.T.* Bâton terminé par une pomme de pin et entouré de lierre ou autre plante grimpante que portaient Bacchus et ses Bacchantes.

En haut : Le roi anglais Henri VIII, un descendant des Plantagenêt, exhibe fièrement sa braguette (Les Plantagenêt, comme de nombreuses vieilles familles, avaient des racines dans les cultes de la fécondité de la Vieille Religion). Si Henri avait vécu un siècle plus tôt, il aurait montré les organes génitaux réels de la même manière. Un tel exhibitionnisme était réservé à la noblesse. Avec le costume massif, il donnait l'image d'un roi n'étant pas seulement le gouvernant, mais aussi le procréateur suprême, le puissant « taureau » de la nation. **En bas** : Un guerrier bien doté du XVIe siècle.

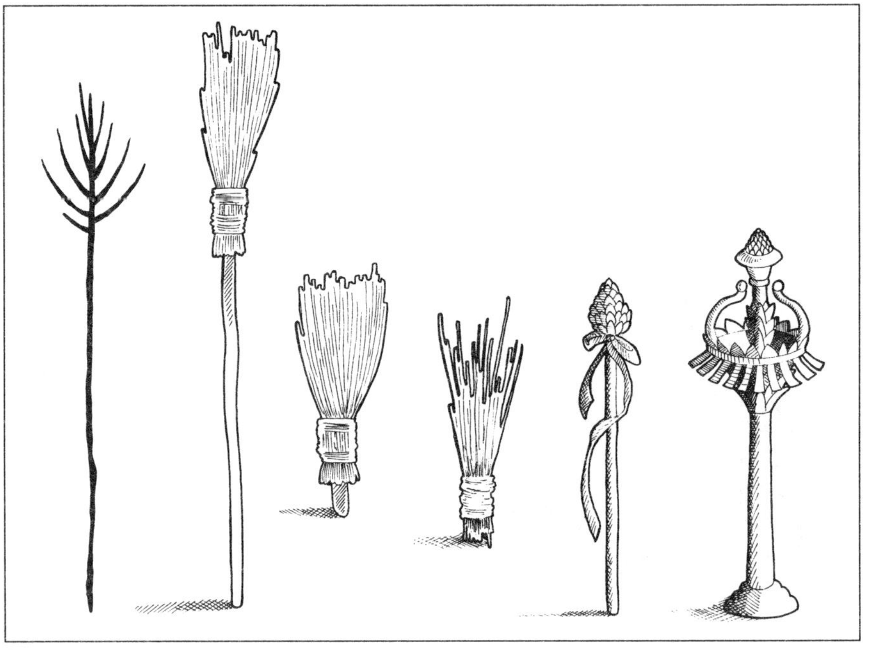

En haut : Le balai était un symbole sacré de fécondité de la Vieille Religion d'une origine très ancienne. **De gauche à droite** : la plus vieille représentation du balai, provenant d'une peinture rupestre à El Castillo, Espagne (l'anthropologue Leroi-Gourhan l'interprétait comme un « symbole stylisé masculin/féminin »). Deux balais traditionnels, ou balai de sorcières. Le balai/baguette de saint Nicolas et de son Valet Noir. Le thyrse, l'équivalent gréco-romain du balai. Le « balai » remarquable de Shaftesbury, un objet processionnel ecclésiastique. **En bas à gauche** : Dessin d'une petite broche d'argent du début du xve siècle venant des Pays-Bas. Elle présente l'Arbre de Vie orné du Voile et de figures et symboles phalliques. **En bas à droite** : Ce Père Noël/Diable à ressort, dessiné par Nast brandit encore le balai chamanique.

XVIIe siècle, un symbole des organes sexuels masculin/féminin. C'est pour cela que l'on parle en anglais de « *broomstick-marriages* » [mariages par le balai], pour désigner les mariages non sanctionnés par l'Église, mais qui s'officialisent en sautant au-dessus du balai, comme dans certaines vieilles cérémonies nuptiales chez les Gitans et dans certaines régions isolées. Ces cérémonies sont encore bien présentes dans les mémoires. Naturellement, nous sommes pour la plupart conscients que ce même balai faisait aussi partie des rituels de sorcières. Ce que la croix représentait pour les chrétiens et le Marteau de Thor pour la religion germanique, le balai et l'arbre continuaient de l'incarner pour la Vieille Religion des païens : ils étaient les symboles de leur croyance. Jusqu'au XXe siècle, la version courte de ce même bâton en forme de balai est encore brandie par le Père Noël/Santa Claus ou par son Valet noir sur des illustrations.

Les hommes modernes continuent de vivre en fonction de réminiscences de rituels et de mythes païens vieux de 10 000 ans. Pensez à l'histoire de l'Arche de Noé qui a 5 000 ans. Des jouets en forme d'arche sont vendus dans les magasins aujourd'hui. Il est également curieux qu'en dépit de toutes les actions anti-païennes de l'Église, les nations occidentales continuent d'utiliser les noms des dieux païens germaniques et gréco-romains et les fêtes païennes oubliées pour identifier leurs jours de semaine et les noms de leurs mois.

Noms païens des jours

anglais	**français/latin**
Sunday pour *Dies Solis*, le jour de *Sol Invictus* ; Mithra le dieu solaire iranien ressuscitant	Dimanche, *Dies Dominica* ; le Jour du « Seigneur »
Monday pour la déesse Lune (*Moon*)	Lundi pour Luna
Tuesday pour Tyr (norrois) ou Tiwaz, dieu germanique de la guerre	Mardi pour Mars, dieu romain de la guerre

anglais	français/latin
Wednesday pour le dieu Wodan ou Odin (norrois)	Mercredi pour Mercurius (Mercure)
Thursday pour Thor ou Donar, dieu du Tonnerre	Jeudi pour Jovis/Jupiter
Friday pour Frey et sa sœur jumelle Freya, dieu et déesse du sexe et du mariage ; la version nordique de Herne/Pan	Vendredi pour Vénus, déesse romaine de l'amour
Saturday pour Saturne [1], ancien dieu romain de l'agriculture	Samedi, origine incertaine (dérivée de Saturnus/Saturne ?)

Noms païens des mois

Janvier (anglais, *January*, latin *Januarius*), d'après l'ancien dieu romain Janus.

Février (anglais, *February*), d'après la fête romaine de la Purification, Februarius [2].

Mars (anglais *March*, latin *Martius*), d'après le dieu romain de la Guerre, Mars.

Avril (anglais *April*), d'après le mois romain Aprilis (sens exact incertain).

1. *N.d.T.* On ignore pourquoi les anciens anglo-saxons et germaniques auraient soudain utilisé un dieu romain alors que les autres jours de la semaine viendraient de dieux nordiques. En fait *Saturday* viendrait d'un dieu (ou d'une déesse pour certains spécialistes) appelé Sataera ou Saeter. Pour certains, il serait un dieu (ou une déesse) de l'agriculture, pour d'autres un dieu du temps assez semblable effectivement à Saturne.

2. *N.d.T. Februarius* était le mois de février. La fête de la Purification intervenant au cours de ce mois était les Lupercales (*Lupercalia*, vers le 15).

Mai (anglais *May*, latin *Maius*), mois de la fête de l'ancienne déesse romaine, Maïa.

Juin (anglais *June*, latin *Junius*), d'après la déesse romaine Junon.

Juillet (anglais *July*), d'après le « dieu »/empereur romain Jules César [1].

Août (anglais *August*), d'après le « dieu »/empereur romain Auguste [2].

(Septembre, Octobre, Novembre et Décembre étaient les septième, huitième, neuvième et dixième mois de l'ancien calendrier.)

---

1. *N.d.T.* Ce mois ne s'est appelé *Julius* – de Jules César – qu'en 44 AEC. Auparavant, il s'appelait *Quintilis* (« cinquième » mois).

2. *N.d.T.* Ce mois ne prend ce nom qu'en 8 AEC. Auparavant il s'appelait *Sextilis* (« sixième » mois).

6

La Croix et le balai

À l'origine, l'Église chrétienne apparut en Gaule et en Grande-Bretagne en tant que religion d'État de l'Empire romain déclinant. De bien des manières, elle était une continuation de l'accommodante religion romaine antérieure. Pour les seigneurs de la guerre celtes et germains, la religion romaine païenne n'avait pratiquement représenté qu'un changement du nom de leurs anciens dieux : Thor était devenu Jupiter, Freya s'appelait désormais Isis ou Vénus, et Wodan pouvait être considéré comme identique à Mercure ou à d'autres dieux solaires ressuscitant, comme Apollon ou Mithra. Le passage au christianisme ressembla encore à un changement de nom : Jupiter était maintenant appelé Dieu, Apollon et Mithra devenaient Jésus, et la Vierge Marie remplaçait facilement la déesse-mère Isis. Après tout, dans tous les cas il s'agissait de cultures indo-européennes avec des traditions semblables de dieu-père, et déesse-mère avec un fils solaire ressuscitant.

Ce fut une autre histoire lorsque, quelque 500 ans plus tard, l'Église chrétienne romaine se déplaça vers des secteurs géographiques où la population ne s'était jamais trouvée sous le joug romain. Là, l'Église eut affaire à des populations de régions reculées qui avaient résisté à leurs suzerains depuis des siècles. Les missionnaires (comme ils l'ont été par nécessité tout au long de l'Histoire) apparaissaient comme les yeux et les oreilles des rois et des empereurs envahisseurs qui, à cette époque, étaient en compétition avec les seigneurs de la guerre celtes et germains. Ils gouvernaient maintenant « par la Grâce de Dieu » (et de l'Église), conquérant et convertissant, la croix dans une main et l'épée dans l'autre. Ils utilisèrent malheureusement le christianisme, non pas tant pour gagner les cœurs et les âmes du peuple que pour exploiter plus facilement la servitude et renforcer l'obéissance.

Cette situation ressemblait beaucoup à ce qu'allait être la colonisation européenne de l'Amérique du Nord et du Sud aux XVIIe, XVIIIe et XIXe siècles. L'Église vous enseignait que vous deviez souffrir en parcourant cette vallée de larmes appelée la vie, mais que – si vous étiez obéissant – vous seriez plus tard, après votre mort, récompensé par la gloire, le salut, et l'égalité dans l'Au-delà. Cet enseignement était assez habile pour encourager les populations conquises à rester dociles et à se soumettre à leur servitude et au joug des nouveaux maîtres. Quelques riches opportunistes se convertirent rapidement, mais la population la plus pauvre, comme certains de la vieille noblesse, n'adoptèrent qu'une apparence de christianisme, alors qu'ils restaient tranquillement fidèles à leurs coutumes traditionnelles. Beaucoup de nouveaux prêtres de village et même d'évêques ne virent rien de mal à dire la messe chrétienne tout en officiant encore pour la Vieille Religion (une relation semblable à ce qui se passe encore aujourd'hui entre le christianisme et le vaudou en Haïti).

En conséquence, le balai et le chamanique Herne le Chasseur ne furent alors plus simplement les emblèmes archaïques de leurs ancêtres, mais des symboles vivants de liberté et de résistance contre l'aristocratie étrangère conquérante et sa croix.

Qui étaient, exactement, ces habitants primitifs, ces ancêtres disparus dont la mémoire a conservé si peu de choses ?

Le « Petit Peuple »

Il y a quelque 10 000 ans, voire davantage, aux frontières des grandes forêts britanniques et continentales, et probablement dans toute l'Europe et autour de la

Méditerranée, il existait des populations néolithiques de chasseurs-cueilleurs, qui vivaient en intime harmonie avec la Nature et l'environnement. On pense que les hommes et les femmes occupaient une position parfaitement égale au sein de ces tribus.

Dans leur fonction de « cueilleurs » et en tant que gardiens de 10 000 années de connaissance de la Nature accumulée, certains de leurs chamanes (aussi bien femmes que hommes) étaient appelés « sorciers ». C'étaient des individus éminemment respectés pour leur connaissance des herbes, dont ils se servaient pour accoucher les femmes et guérir, et qui étaient aussi craints et appelés pour leur connaissance des poisons botaniques. À cette époque, le nom « sorcier » était manifestement un terme de respect plutôt qu'un terme d'aversion. Jusqu'à l'époque de Cromwell et de ses Puritains, par exemple, presque toutes les grandes propriétés campagnardes britanniques possédaient un de ces « sorciers » parmi ses gens. Il était employé comme sage-femme, guérisseur, herboriste, voire comme jeteur de charmes magiques.

Les traditions de ces peuples (comme celles des Grecs antiques et des Gitans d'aujourd'hui) étaient orales. Leurs échanges avec les tiers étaient fondés sur l'ancien système du troc, encore pratiqué il n'y a pas si longtemps entre les habitants de la forêt et les hommes des plaines. Dans ce système, les biens sont déposés en un endroit prédéterminé. Tandis que le vendeur se cache, l'acheteur arrive, prend les biens qui l'intéressent, laisse ses propres marchandises en paiement, puis disparaît. Le vendeur sort alors de sa cachette et vient ramasser les marchandises laissées en paiement (cette méthode de commerce était encore commune chez les Pygmées et d'autres tribus africaines à la fin du XIXe siècle). La pratique est aussi clairement décrite dans les histoires anglaises qui parlent des transactions entre ce que l'on appelle les « fées » ou « elfes » et leurs conquérants celtiques et nordiques, tout en mentionnant qu'une rigoureuse honnêteté était toujours observée.

Comme la plupart des chasseurs-cueilleurs, ces aimables personnes tendaient à être considérablement plus petites de stature et plus délicatement construites que les grands guerriers celtiques et germaniques, nourris aux bœufs, qui envahissaient leurs pays (voir illustration p. 108). Nous devons nous rappeler que, à cette époque, le pool génétique humain était beaucoup moins

En haut : Une élégante illustration du XIXe siècle de l'enlèvement des Sabines par les guerriers romains. Le rapt de femmes d'autres tribus était encore une nécessité provenant de l'époque où les clans petits et à forte consanguinité avaient désespérément besoin de gènes frais. **En bas à gauche** : Avec des figures telles que celle-là, l'Église essaya de démoniser la Vieille Religion, la décrivant comme étrange, satanique et maléfique. Ce personnage incorporait le masque chamanique cornu, les aspects bisexuels, le trident masculin de fécondité et d'autres symboles païens. **En bas à droite** : Pendaison de sorcières. Le génocide final du Petit Peuple et du reste des descendants de la population primitive néolithique (par les envahisseurs guerriers celtiques et germaniques) fut obtenu en détruisant la Vieille Religion et ses sorcières et chamanes.

En haut : Comparaison de taille entre les envahisseurs germaniques/celtiques et la population antérieure, le Petit Peuple. Bien que les races et tribus soient maintenant mélangées, ces deux tailles sont encore communément trouvées chez les Européens nordiques et les populations méditerranéennes. Dans des temps plus anciens, ces contrastes étaient plus prononcés. **En bas** : Une restitution imaginaire de notre Petit Peuple, vu ici comme un homme et une femme velus et sauvages, basée sur une illustration de la fin du Moyen Âge. Leur hutte de terre est familière des archéologues. D'après ***A History of Witchcraft*** (Une Histoire de la Sorcellerie), de Jeffrey B. Russell, ces peuples étaient associés à la sorcellerie et à la chasse sauvage.

mélangé qu'aujourd'hui. Des tribus d'individus de grande taille comme les Frisons étaient même encore plus grands qu'aujourd'hui, nombre d'entre eux dépassant largement 6'4" (1,93 m). À l'opposé, les individus de petite stature de certaines tribus nous sembleraient vraiment petits aujourd'hui. En visitant des musées européens, on est souvent étonné de voir que les uniformes et les vêtements féminins des siècles précédents iraient parfaitement bien à des jeunes filles d'une douzaine d'années d'aujourd'hui.

Le peu que nous savons de ces chasseurs-cueilleurs évoque pour nous des tribus nordiques plus récentes, jadis nomades, comme les Nord-Américains natifs, les Esquimaux (Inuits) et les Lapons. Comme tant de petits clans à forte consanguinité, ils semblent avoir été très à l'aise avec le sexe. Voyez la coutume esquimaude (dont on se souvient encore) qui encourageait les femmes à avoir des relations sexuelles avec les visiteurs étrangers, coutume qui avait pour objet d'améliorer le pool génétique des petites tribus. Comme certaines tribus nord-américaines natives du XIXe siècle, ils ont peut-être aussi été ouvertement bisexuels (ce qui était une manière, si nécessaire, de conserver un assez petit nombre d'individus pour survivre dans le clan). D'un autre côté, les orgies sexuelles lors des grands rassemblements de chasse des clans aidaient à élargir le pool génétique et à améliorer la santé de la génération suivante.

De tels comportements sexuels libres et ouverts horrifiaient l'Église romaine-chrétienne, et plus tard, les Puritains de Cromwell. Les uns comme les autres voyaient dans ce comportement les œuvres de Satan. Dans ses efforts pour détruire cette Vieille Religion, l'Église enseignait que leurs chamanes et sorciers étaient des serviteurs de Satan, l'adversaire théologique du Dieu chrétien. L'image du chamane-Duyvel excité, déguisé en esprit de la Chasse, orné de cornes et de peaux de bêtes, fut à partir de là utilisée par l'Église pour représenter Satan. C'est pourquoi nous assimilons maintenant les titres chamaniques jadis respectés de « Sorcier » et de « Duyvel » à des aspects du Mal.

Cependant, des raisons (politiques) beaucoup plus importantes que le sexe expliquaient pourquoi l'Église chrétienne et la classe dirigeante des forces d'occupation voulaient noircir l'image de la Vieille religion. Après tout, c'était la religion rebelle des opprimés. Le « Petit Peuple » avait résisté aux premiers envahisseurs celtiques et germaniques. Maintenant, leurs descendants continuaient à agir de même contre Rome. Pour la pauvre population native dont la terre et le gibier avaient été volés par les rois étrangers et leurs évêques, l'esprit de Herne (appuyé par ses flèches de hors-la-loi) se promenait encore librement à travers les forêts et les collines, pour, comme par le passé, chasser où cela lui chantait, faisant un pied de nez à cette nouvelle aristocratie avec ses esclaves et ses serfs (en guise d'exemple, examinez la légende intimement liée de Robin des Bois).

Ce conflit couva pendant des siècles. À un niveau différent, il représentait aussi l'affrontement entre le pouvoir de la Croix, agressif, autoritaire, dominé par l'homme et axé sur le culte, et le principe masculin/féminin de célébration de la sexualité et de la liberté individuelle et de la résistance tranquille, symbolisé par le balai. Encore au XVIe siècle, les unités navales hollandaises ne portaient pas la croix sur leurs voiles (à l'image des Espagnols), mais allaient au combat avec un balai dans la mâture [1], non pas seulement pour balayer leurs ennemis des mers, mais pour exprimer leur esprit d'indépendance par rapport aux rois catholiques.

Au sein même de l'Église, le pouvoir du balai demeura fort chez certains fidèles des enseignements de Jésus (dont les propres enseignements parlaient si souvent clairement d'Humanité, d'Amour et de célébration de la Vie). Au Moyen Âge, de nombreux et merveilleux prêtres, moines ou religieux en général combinèrent dans leurs vocations le meilleur de la Vieille Religion avec le meilleur de la Religion chrétienne.

Pendant ce temps, au nom du Christ, le Vatican organisait une série de croisades génocides et de persécutions contre de telles factions chrétiennes « païennes » et hérétiques. Des milliers d'hommes, de femmes et d'enfants connurent d'horribles morts, beaucoup en étant brûlés vifs, au cours de ces croisades. Jusqu'à aujourd'hui, le Vatican n'a jamais officiellement admis que ces actions génocides avaient été des erreurs [2].

1. Encore aujourd'hui, les skippers hollandais utilisent des symboles païens (par exemple lorsqu'ils attachent une branche feuillue au mât pour indiquer une naissance, Noël ou un autre événement).

2. Le Vatican admet rarement ses erreurs et négligences. Ce n'est qu'en 1994, soit cinquante ans après les faits, que le Vatican a finalement formellement condamné l'Holocauste nazi.

Nombre de ces hérétiques [1] étaient des chrétiens ariens qui avaient désobéi aux ordres du Vatican en traduisant l'Évangile du latin et permettaient que les offices soient célébrés dans leur propre langue (permettant ainsi à la masse de découvrir les enseignements sociaux révolutionnaires de Jésus). Ces dissidents contestaient aussi la Trinité, croyant que Jésus n'était pas Dieu lui-même, mais inspiré séparément (un prophète). Décider ce qui était théologiquement juste et ce qui était théologiquement faux était le monopole étroitement gardé de l'Église chrétienne. Il en allait de même de la Connaissance en général. Tout laïc donnant l'impression de trop s'intéresser à la Connaissance courait le risque constant d'être étiqueté « hérétique ».

En dépit des enseignements de Jésus – dont sa conception selon laquelle la « loi a été faite pour l'homme et non l'homme pour la loi » (Marc 2 et 3) –, la religion chrétienne est devenue, avec l'empereur Constantin, une religion fondamentaliste, ayant pour ambition d'éliminer toute forme de critique et de maintenir ses lois absolues et celles de ses rois et empereurs. Charlemagne fut un exemple typique de l'arrogance manifestée par ces derniers : il préfaçait humblement ses missives personnelles avec : « Au nom du Père, du Fils et de l'Esprit-Saint, Moi, Charles, l'Illustre et l'Auguste, couronné par Dieu, Empereur de Paix et Protecteur du Royaume de Rome, et, par la Grâce de Dieu, Roi des Francs, je vous salue... » Il est assez manifeste que Dieu et l'Église étaient censés se trouver là pour l'empereur et non l'inverse. Cette manière de penser est, hélas, encore bien vivace dans de nombreux pays.

Il est fascinant de voir comment les fondamentalistes ont manœuvré pour parvenir à changer même le sens des mots. Par exemple, dans sa signification originelle, le mot « hérésie » n'indiquait rien de plus qu'« un autre choix » ou « un point de vue différent ». Pour avoir un point de vue différent [2], l'Église chré-

1. *N.d.T.* D'Arius (né probablement vers 256 en Cyrénaïque), prêtre chrétien, fondateur de l'arianisme, première des grandes hérésies chrétiennes.

2. Le fondamentalisme chrétien d'aujourd'hui détourne semblablement le mot « humanisme ». Originellement, c'est simplement une philosophie qui affirme la dignité et la valeur de l'humanité et sa capacité à comprendre par soi-même grâce à la raison, tandis qu'elle rejette le « surnaturel ».

En haut : Des moines du XIIe siècle lèvent leurs mains d'horreur devant les bouffonneries du chamane Herne/Pan et de ses figures claniques masquées, ou danseurs de momerie. Près de cinq cents ans plus tard, Shakespeare mit en scène les rituels de momerie dans ***Le Songe d'une nuit d'été***. **En bas à gauche** : Cernunnos [N.d.t. Tel qu'il apparaît sur le chaudron trouvé à Gundestrup, Danemark]. On sait très peu de choses de la religion celtique, mais nous savons que les Celtes possédaient un dieu cornu appelé Cernunnos. Il est probable, mais pas certain, que ce dieu dérivait de l'esprit chamanique Herne/Pan de la chasse. **En bas à droite** : Dans ***Les Joyeuses Commères de Windsor*** de Shakespeare, Falstaff se cache dans la forêt, près du chêne sacré de Herne, déguisé en Herne le Chasseur.

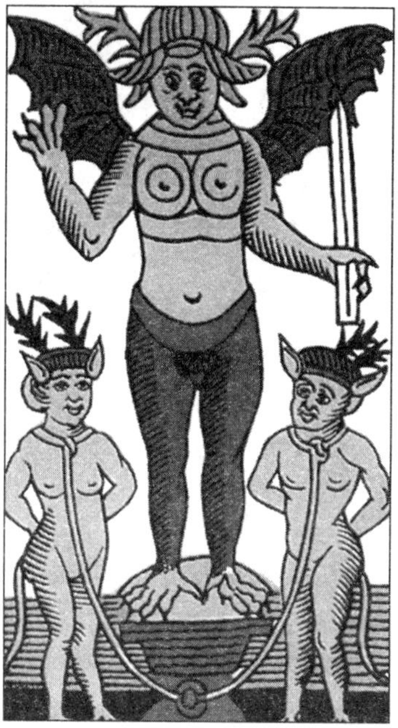

En haut : Cernunnos, le chamane cornu, tiré de ***Legend : The Arthurian Tarot*** de Anna-Marie Ferguson. **En bas à gauche** : Ces créatures d'une lame de tarot (le Diable du Tarot de Marseille de 1761) sont basées sur l'Herne/Pan cornu chamanique et hermaphrodite ; elles sont ici caricaturées pour faire de l'ancien titre chamanique Duyvel le synonyme du Satan chrétien. **En bas à droite** : L'Herne/Pan chamanique, d'après une lame de tarot, avec son trident symbole sexuel et « satanisé » et ses pattes d'oiseau.

En haut : La mascarade de Noël, une version médiévale de la Grande Fête [voir chapitre 11]. Notez les cornes autour de la cheminée et d'autres symboles païens. **En bas** : L'« arrière-grand-père » du Père Noël, le chamane Herne/Pan dans l'Angleterre post-shakespearienne. Ce personnage est connu sous le nom de Robin Goodfellow (Robin Gai-Luron) ou Puck. Il est encore cornu, revêtu de fourrure, tenant le feu, et montré avec un pénis en érection. Il brandit aussi cet ancien symbole sexuel européen, le balai de sorcière.

tienne voulait-elle à cette époque assassiner un million d'êtres ? (Même aujourd'hui, certains fondamentalistes religieux sont si opposés à la « liberté de choix » qu'ils sont prêts à tuer un médecin afin de décourager les femmes d'exercer leurs droits – légaux – d'interrompre une grossesse non désirée, ou à condamner l'écrivain Salman Rushdie à mort pour avoir ouvertement osé critiquer certains aspects de sa propre foi). Est-il surprenant que tant de païens du Moyen Âge ne se soient convertis au christianisme que sous la menace du glaive ?

Les derniers représentants du Petit Peuple furent forcés de se retirer, d'abord au cœur des anciennes forêts, puis dans les marais et les zones de montagnes inaccessibles, pour, à terme – comme les Boschiman, les Veddas et les Pygmées – disparaître, en partie parce qu'ils ont été détruits, et en partie parce qu'ils ont été absorbés par leurs conquérants. Dès lors qu'ils utilisaient principalement des outils en bois, il reste peu de traces de leur existence, si ce n'est leurs minuscules flèches à pointe de pierre (ce que l'on appelle les « traits d'elfes ») et des centaines de mythes et légendes. Grâce aux recherches récentes, de nombreuses références historiques ont été trouvées dans les documents et témoignages des XVIe et XVIIe siècles, et sur des inscriptions de pierres tombales. Toutes attestent de l'existence des « Petites Gens » et de leurs mariages avec des villageois de tribus de taille normale [1].

Étant des archers experts et des hommes des bois, ils pouvaient, avec leurs vêtements vert forêt, se fondre dans la verdure des sous-bois, apparaissant et disparaissant à un moment donné. Et avec leurs petits arcs et leurs flèches (parfois empoisonnées), ils pouvaient silencieusement disperser leurs ennemis en défendant leurs terres. Tout cela instilla une peur superstitieuse chez leurs suzerains, amenant ces derniers à croire que le Petit Peuple était doté de pouvoirs surnaturels. Les « Petites Gens » – comme les Pygmées africains et plus tard les Gitans – ne furent que trop heureux d'aider à perpétuer ces mythes.

On peut trouver d'autres traces de leur existence dans les légendes de fées, elfes, gnomes et trolls, et dans les histoires du type de celle de Robin des Bois.

1. Les livres controversés du Dr Margaret A. Murray, *The Witch Cult in Western Europe* (Le Culte des Sorcières en Europe occidentale) et *The God of the Witches* (Le Dieu des Sorcières) sont une lecture fascinante sur ce sujet.

Ils semblent avoir été semblables aux Lapons de Scandinavie ; ils leur étaient en tous les cas certainement culturellement reliés. À ce titre, on note avec intérêt que leur habillement est généralement décrit soit comme de couleur vert forêt avec des bonnets pointus, soit, comme dans les récits folkloriques de leurs sorcières, comme identiques aux costumes portés par les Lapons du XIXe siècle.

Jusqu'au XVIe siècle, les fées et les elfes furent mentionnés comme des créatures normales, plutôt petites et plutôt « fantasques », d'une culture différente. Mais elles n'étaient pas plus étrangères que, disons, les Gitans. Ce n'est que dans la pièce *Le Songe d'une nuit d'été* de Shakespeare qu'ils furent décrits pour la première fois comme des créatures aériennes, éthériques (mais toujours de taille normale) [1]. Ces êtres ne devinrent les ridicules créatures à petites ailes que dans les contes de fées des écrivains et illustrateurs romantiques victoriens de la fin du XVIIIe et du XIXe siècles. Les Victoriens contournèrent également les mœurs sociales de l'époque en décrivant des pratiques païennes nues ou semi-sexuelles, mais en liant ces cabrioles aux chérubins, aux minuscules fées et aux elfes.

Ces petits êtres commerçaient et se mariaient avec les villageois à l'occasion, mais comme les Gitans d'aujourd'hui, ils avaient leurs propres coutumes et vivaient dans la forêt ou près de sa lisière. Comme les Gitans et les Juifs, ils furent faussement accusés de toutes sortes de crimes, y compris des rapts d'enfants et des meurtres rituels. Mais comparés à leurs belliqueux oppresseurs, ils étaient probablement plutôt doux et paisibles. Ils aimaient danser, utilisaient l'archet et la flûte de roseau comme instruments de musique, et croyaient en un esprit de la Nature, de la Forêt et de la Chasse englobant toutes choses. C'est pourquoi un des nombreux noms de cet esprit était Pan (signifiant « englobant tout »). Il représentait à la fois la Naissance et la Mort, la Création et la Destruction, le Yin et le Yang, avec la vie s'épanouissant harmonieusement au milieu.

Pour mieux comprendre ce concept philosophique, nous devons abandonner temporairement nos croyances chrétiennes traditionnelles qui tendent à assimiler Dieu à une image de Père trônant dans les Cieux, gouvernant l'univers et

1. Même dans *Les Joyeuses Commères de Windsor* de Shakespeare, Mistress Anne Page – une jeune femme normale et adulte – est prise par erreur pour une fée.

Le Petit Peuple chez les Romains. Dès que vous êtes conscients que le Petit Peuple était simplement des membres de cultures absorbées par leurs conquérants, il est fascinant de voir à quel point ils sont souvent représentés avec des citoyens de taille normale. Ici, l'empereur romain Marc-Aurèle est en train d'exécuter un sacrifice aidé par deux membres du Petit Peuple. Les traits du joueur de flûte sont radicalement différents de ceux des Romains autour de lui et rappellent ceux de Pan. Si les Romains étaient petits comparés aux Celtes et aux Germains, ils dépassent encore de plus d'une tête ici les représentants du Petit Peuple.

nous jugeant, nous les mortels. Leur esprit de la Nature n'était pas du tout anthropomorphe (à l'image de l'homme). Il incarnait ce sentiment d'être une partie de la Nature, le grand Tout. Plus encore, c'était ce sentiment intrinsèque que toute tempête qui soufflait, chaque arbre qui tombait, chaque respiration, chaque animal tué, chaque mot prononcé et chaque action exécutée, affectaient, d'une manière très réelle, le monde tout entier autour de nous, aussi bien positivement que négativement, maintenant et à jamais.

Par conséquent, cela signifie que chaque action ou événement devait être équilibré par une contre-action ; on devait demander pardon à chaque animal tué à la chasse et compenser cette mort, pour non seulement maintenir l'équilibre de la Nature, mais aussi l'équilibre au sein de la tribu et au sein de la propre vie et de la propre âme de l'individu. Cela signifie encore que chaque individu était relié à tout le reste et était en partie responsable de tout. Cette conception est étonnamment proche de celle du concept écologique de Gaïa aujourd'hui [1].

Le rôle du chamane différait à l'origine considérablement de celui d'un prêtre agissant en qualité d'agent de Dieu. Alors qu'il remplissait sa fonction et s'habillait de manière symbolique, le chamane faisait une expérience de visions et devenait temporairement Herne/Pan (l'esprit de notre être, de la forêt, et de toute la nature autour de nous) en ce sens – pour utiliser un mot populaire actuel – qu'il « canalisait » *(channel)* cet esprit à travers son être. C'est pourquoi nous pouvons lire le récit de rencontres et d'entretiens individuels avec Herne/Pan en personne. Ces rencontres sont semblables à celle d'un enfant d'aujourd'hui qui croise le Père Noël dans la rue et vient lui parler. Pour l'enfant, cette personne n'est pas en train de jouer le rôle du Père Noël : elle *est* réellement le Père Noël.

---

1. La science confirme aussi que toute action provoque une réaction correspondante dans l'équilibre de l'univers. Les humains peuvent ne pas être en mesure de le noter, simplement parce que le changement peut être si infime à la grande échelle des choses qu'il n'est pas toujours enregistré. Des changements plus importants, cependant, comme des explosions solaires, sont très repérables (de par le résultat de leur effet sur le champ magnétique de la Terre).

Le chamane pouvait être un des chefs du clan, un homme ou une femme initiés, ou un gourou vivant en ermite dans la forêt. À l'origine, chaque clan avait probablement son propre chamane, apparaissant en public masqué et revêtu des attributs de l'animal totem du clan [1]. La tradition des rassemblements de ces chamanes claniques avec leurs masques d'animaux est illustrée dans d'anciens manuscrits. On la retrouve encore aujourd'hui avec les parades de « momerie [2] » à Noël (par exemple celle de Philadelphie).

Dès lors que de nombreux chefs et rois se voyaient comme des prêtres-rois, certains d'entre eux (comme Alexandre le Grand et Moïse) furent représentés avec des cornes chamaniques [3]. Il est possible que l'on ait considéré que les enfants conçus par le chamane pendant les orgies religieuses avaient des pouvoirs spéciaux. C'est peut-être cette idée qui a conduit à la conception étrange des héros classiques (et même de certains rois et empereurs historiques) qui auraient été enfantés par Zeus avec une jeune mortelle.

Les Évangiles chrétiens montrent des traces de cette même tradition avec le récit de l'Annonciation, lorsque l'Ange Gabriel annonce à la jeune vierge Marie que « le Saint-Esprit de Dieu est avec toi », qu'il va la rendre enceinte et qu'elle aura un fils qui sera à la fois dieu et homme : le héros du futur christianisme. C'est une des raisons qui expliquent pourquoi le christianisme de saint Paul s'est accordé si facilement avec la manière de penser gréco-romaine, tout en étant totalement inacceptable pour les Hébreux qui, à cette époque, ne croyaient pas en un Dieu anthropomorphe [4], et pour qui cette sorte d'alchimie génétique entre dieux et hommes était blasphématoire.

Comme nous l'avons mentionné plus tôt, le Herne/Pan chamanique est apparu sous différents noms, selon la tribu et l'époque. Mais le plus fréquem-

1. Comparez ceci avec nos façons de voir la Russie comme l'Ours et l'Amérique comme l'Aigle. Pensez aussi aux régiments britanniques avec leurs coiffures en poil d'ours, leurs mascottes animales et les uniformes de leurs tambours majors recouverts de peaux de panthère.

2. *N.d.T.* Danse et ronde d'origine très ancienne où les danseurs se déguisaient en animaux.

3. *N.d.T.* Voir le célèbre *Moïse* de Michel Ange.

4. Au début du premier siècle, les Hébreux voyaient leur Dieu comme une force impersonnelle, si grande, si sainte, et donc si éloignée de l'homme que son nom ne pouvait même pas être prononcé.

ment on le représentait sous une apparence sombre, poilu ou recouvert de peaux de bêtes avec des bois ou des cornes, et, jusqu'au XVIIe siècle, avec un pénis en érection.

Les chamanes chantaient, dansaient et sautaient au-dessus des feux dans des rites de fécondité sexuellement symboliques, certains intégrant le balai de bouleau, la baguette phallique en forme de balai.

Nous pouvons voir des représentations de Herne/Pan sur d'anciennes peintures rupestres néolithiques et sur des illustrations médiévales où il tient le balai, et jusqu'au XXe siècle où, sous la forme du Père Noël, il s'agrippe encore à un balai rudimentaire. Il est Merlin l'Enchanteur des légendes du roi Arthur. Shakespeare le mentionne dans *Les Joyeuses Commères de Windsor* et *Le Songe d'une nuit d'été*. Ses sorcières apparaissent dans *Macbeth*, du même Shakespeare. Et jusqu'à aujourd'hui, il continue d'apparaître dans de nombreux rituels d' îles isolées et de zones rurales reculées.

Lors d'une récente visite en Afrique du Nord, je reconnus Herne dans un spectacle folklorique en Tunisie. Il était parfaitement complet avec sa danse chamanique, son visage sombre, ses ornements phalliques et s'attachant, comme toujours, à effrayer les jeunes femmes (voir illustration p. 123). On m'a dit qu'il s'agissait d'un personnage folklorique très ancien (pré-islamique) qui effrayait aussi les enfants. Mais personne ne se souvenait qui il était ni ce qu'il était et d'où il venait. Même à Cuba, j'ai trouvé une peinture du début du XIXe siècle montrant un personnage chamanique du vaudou avec des objets rituels.

Les chamanes de Herne/Pan conduisaient les rituels du Solstice d'Hiver, inauguraient la nouvelle année, récompensaient les bonnes actions, punissaient les mauvaises, officiaient lors des sacrifices et dirigeaient les rites de fécondité. Pendant des milliers d'années, ces êtres ont vécu paisiblement. Puis un jour, comme le montre l'archéologie européenne, ils commencèrent à ériger des défenses et des palissades. Les villages brûlés, les vestiges d'épées de bronze et de fer, et d'autres signes de guerre témoignent de l'irruption violente de tribus celtiques et germaniques – les nouvelles aristocraties conquérantes et guerrières.

Quand ces Celtes, Germains, Grecs et Romains arrivèrent au contact de la Vieille Religion, ils avaient déjà leur propre panoplie de dieux. Comme c'était leur coutume, ils ajoutèrent simplement Herne/Pan à la liste, le réduisant au rôle de dieu ou de serviteur mineur malicieux, obsédé sexuellement, et parfois ridicule. Nous le croisons constamment, sous des quantités de noms selon les époques et les lieux : Pan, Faune, Sylvain, Priape, Satyre, Bacchus, et le mystérieux dieu celtique cornu Cernunnos... En Grande-Bretagne, on l'appelait non seulement Herne, mais encore Puck, nom relié au mot anglo-saxon *Bogey*, encore utilisé dans *bogey-man* désignant un personnage effrayant et démoniaque [1]. Au Pays de Galles, son nom était Boucca. Et tous ces noms étaient reliés à *Bog*, le nom slave pour Dieu.

Nombre de ces rites et coutumes de fécondité de la Vieille Religion perdurèrent après l'introduction du dieu germanique Wodan par ces premiers conquérants. Wodan/Odin avait aussi beaucoup d'éléments en commun avec le Christ. Il était resté pendu pendant des jours sur Yggdrasill, l'Arbre de Vie et de Sagesse chamanique. Deux corbeaux se trouvaient de chaque côté de lui. Sur cet arbre, il souffrit de soif, se blessa avec une lance, et d'une certaine manière ressuscita (comparez cela avec Jésus sur la croix, entouré des deux larrons ; il a soif et une lance va le blesser). Wodan n'était pas seulement un dieu guerrier, mais il apportait aussi le soleil et des dons. En retour, on devait sacrificiellement offrir des céréales à son destrier sacré, Sleipnir. Comme aujourd'hui, les présents étaient déposés dans des bas, des bottes et des sabots.

Quand, après 400 ans d'occupation militaire romaine, le christianisme devint la religion d'État de Rome, les Romains rencontrèrent peu de problèmes pour obliger les hommes des tribus gauloises au sud et à l'ouest du Rhin, à abandonner leur religion celto-germanique au profit du christianisme. L'Église constata que la Vieille Religion des pauvres était une noisette beaucoup plus dure à écraser. L'Église était incapable de saisir l'idée d'un esprit de la Nature omniscient qui fût (comme la Nature elle-même) simultanément créateur et destructeur. De telles pensées étaient étrangères aux responsables ecclésiastiques. Pour eux, le christianisme représentait la bataille du Bien contre le Mal. Dans leur théologie, le Bien et la Création étaient synonymes de Dieu, tandis que le Mal et la

1. *N.d.T.* Les personnages désignés sous le nom de « bogies » ou « bogles » (anglais *bogey* ou *bogey-man*) sont plus souvent présentés dans la tradition folklorique comme des esprits ou lutins malicieux, mais inoffensifs, vivant dans la pénombre des maisons.

En haut : Joueur de tambour pour la danse du chamane en Tunisie. **En bas à gauche** : La danse chamanique lente, les tambours et hochets, la perruque et le maquillage sombre, et le chapeau pointu..., tout suggère Herne le chamane. C'était particulièrement le cas avec le comportement de l'acteur. Il avançait sur chacune des jeunes femmes en faisant mine de les menacer sexuellement, puis il dansait vers la suivante. **En bas à droite** : Figure chamanique cubaine. Nous voyons une version type vaudou du Valet Noir. Le sacrifice du coq dans la main du chamane est symbolique du feu et de la fécondité, et le masque et le couvre-chef sont des symboles phalliques.

Destruction se tenaient à l'extérieur, contre Dieu, et ils étaient entraînés par Lucifer, un ange dissident également connu sous le nom de Satan, l'« adversaire ». L'Église enseignait maintenant qu'Herne était identique à Satan. Et à leur tour, la sorcière chamanique et le Duyvel furent étiquetés « sataniques ».

Ainsi, le vieux malicieux, mais fondamentalement bienveillant Herne/Pan, qui pendant 10 000 ans avait représenté l'esprit de la Chasse (ouvertement sexuel et orné de cornes et de peaux de bêtes) était maintenant récupéré par l'Église pour représenter Satan. En donnant à ce Diable des traits incontestablement mauvais et fréquemment sémites, l'Église s'efforça de faire d'une pierre deux coups et (particulièrement en Espagne) d'encourager l'antisémitisme.

À cette époque, l'Église chrétienne de Rome détenait le pouvoir absolu, y compris le droit de brûler vifs les hérétiques. En conséquence, la Vieille Religion et ses célébrations s'empressèrent de se dissimuler. Cependant Herne/Pan ne fut pas facilement vaincu. À l'origine, le christianisme romain s'était répandu en Europe de l'Ouest sous la forme d'une religion politique, la religion de la classe dirigeante des oppresseurs. Mais les pauvres, et particulièrement les habitants des forêts, se sentaient beaucoup plus proches d'Herne/Pan, l'esprit de leurs ancêtres. Pendant des siècles, le culte d'Herne (le culte de la Nature, de la Vie, de l'Amour et de la Mort) perdura tranquillement jusqu'au coup d'arrêt que la Réforme protestante mit au pouvoir de l'Inquisition et de l'Église romaine. De nombreux fidèles de la Vieille Religion sortirent alors de leur cachette et jouirent d'une sorte de renaissance. Mais ils furent bientôt forcés de se ré-enterrer de nouveau à cause des protestants et des puritains qui engagèrent les procès de sorcières et interdirent les joyeuses – mais quelque peu licencieuses – célébrations comme Noël et les danses autour du mât de Mai. En Angleterre, sous Cromwell, les lois contre les sorcières demeurèrent en vigueur jusqu'en 1736. La dernière exécution de sorcières date de 1716 : une mère et sa fille de neuf ans furent pendues à cette occasion. Dans la seule Angleterre, 30 000 personnes furent légalement condamnées comme sorcières et exécutées.

En raison de ses nombreuses connexions évidentes avec les célébrations de solstices et la Vieille Religion, la célébration de Noël fut donc interdite par les puritains anglais, qui la qualifiaient simultanément de papiste et païenne. En

Angleterre, ils la remplacèrent en automne par une fête d'Actions de Grâces *(Thanksgiving)* non ambiguë. Tout cela fut vain : là encore le peuple refusa d'abandonner Herne/Pan et les célébrations vieilles de 10 000 ans qu'il affectionnait.

Au XVIe siècle, les Pays-Bas (aujourd'hui la Hollande et la Belgique) devinrent, par mariages royaux et héritages, la propriété du roi d'Espagne. Ils furent traités en colonies. En 1581, dans une Déclaration d'Indépendance (plus tard utilisée comme modèle par les Américains pour leur propre Déclaration), les provinces nordiques de Hollande reprirent leur liberté par rapport au roi espagnol après s'être révoltées autant contre les forces ibériques d'occupation, que contre l'Église catholique romaine et l'Inquisition. Et elles rejoignirent la cause de la Réforme protestante.

Cette guerre révolutionnaire dura quatre-vingts sanglantes années, pendant lesquelles l'Inquisition et les cruelles (souvent mauresques) forces d'occupation espagnoles se rendirent coupables d'horribles atrocités à l'endroit de la population hollandaise. Il semble qu'à cette époque, les Hollandais transformèrent Zwarte Piet [Pierre le Noir], leur version de Herne/Pan (le Valet noir de saint Nicolas, ou le diable, d'après l'Église). Si l'Église prétendait que Piet était le diable, alors il devait en prendre l'apparence. Et le diable ne pouvait être qu'espagnol, un de ces soldats de l'Inquisition mauresquo-ibérique honnie, qui s'étaient rendus tristement célèbres pour leur cruauté. Cela servit fort bien la propagande anti-espagnole. Si les enfants n'étaient pas sages, ce diable espagnol allait les emporter en Espagne dans son sac, pour les livrer à l'Inquisition, le véritable Enfer. (Pareillement, pendant la Seconde Guerre mondiale, les Hollandais auraient déguisé ce diable en SS des troupes d'assaut menaçant d'envoyer les enfants en camp de concentration).

Un récent documentaire de la BBC sur les îles Baléares espagnoles montrait à quel point les croyances païennes étaient fortes et à quel point le peuple resta tenacement fidèle à ses traditions en dépit des persécutions. La population de ces îles presque inaccessibles n'a jamais aimé les Espagnols du continent et leur Inquisition. Et jusqu'à aujourd'hui, elle a continué de résister à l'Église [1].

1. *N.d.T.* Et n'oublions pas que les îles Baléares, en particulier celle d'Ibiza, ont toujours eu une certaine réputation de licence sexuelle, qui est naturellement bien antérieure au mouvement hippie qui les investit.

Herne, le cornu, est vivant et bien présent là. Pendant les congés d'hiver, ils se livrent à une joyeuse et exubérante célébration avec des feux. Elle est conduite par un personnage cornu, masqué et sensuel, qui – bien que n'arborant pas exactement un pénis en érection – apparaît avec une sorte d'élément de feu d'artifice jaillissant qui tient dans son entre-jambes d'une manière nettement obscène. Muni de cet ardent appendice, il essaye alors d'effrayer les jeunes femmes. Il est fascinant d'assister à ce joyeux rituel de feu et de procréation, manifestement populaire et vraisemblablement célébré à peu près de la même manière qu'il y a des milliers d'années.

Accessoirement, c'est aussi une illustration parfaite du Porteur de Lumière, de Sexe et de Feu – le Serpent-Éclair, Loki et l'Archange déchu Lucifer [1], qui furent tous punis par Dieu pour avoir fait ces dons à l'homme. La raison pour laquelle l'Église s'est toujours opposée à ce don, et aux joies du sexe, reste quelque peu mystérieuse.

L'opposition des Églises chrétiennes des XVIIe et XVIIIe siècles à Noël et à saint Nicolas se refléta dans les controverses qui entourèrent les *speculaas poppen* hollandais (appelés gâteaux-*leb* en allemand *[lebkuchen]*, du latin *libitium*, signifiant « offrande »). Ces gâteaux remplaçaient différents sacrifices animaux ou humains qui, dans le passé, avaient été dédiés aux dieux païens. D'abord l'Église catholique et, plus tard, l'Église protestante, s'y opposèrent avec rage et édictèrent de multiples ordonnances interdisant la confection, la vente et la consommation de ces gâteaux populaires des fêtes d'hiver. Sans résultat : ils sont encore en vente aujourd'hui ! Les boulangers ont simplement légèrement changé leurs noms et motifs, habillant les vieux dieux et les chamanes en dames et gentilshommes du XVIIe siècle, tout en laissant des indices symboliques éloquents dans leurs dessins.

Dès lors que ces gâteaux étaient cuits dans des moules en bois gravés, dont certains existent encore, nous pouvons toujours étudier leurs motifs aujourd'hui. Malheureusement, il n'en existe pour ainsi dire pas d'antérieurs au XVe siècle, le bois étant une matière périssable, et l'Église ayant ordonné la des-

1. *Lucifer* : en latin, *luci* (lumière) et *fer* (le métal du même nom), ainsi « le porteur de lumière et de fer ». [*N.d.t.* Voir note 1 p. 40].

En haut : Le chamane androgyne, tiré d'un très vieux moule à biscuits frison. Le chamane Herne/Pan figurait les deux polarités du monde autour de lui : création et destruction, masculin et féminin, Yin et Yang. Par conséquent, il apparaissait en vêtements féminins de temps en temps. Notez les cornes de la coiffe, les emblèmes solaires sur les manches, l'Arbre de Vie sur la partie supérieure de la jupe, les symboles sexuels féminins (cœurs et roses) et le balai, qui pendant des siècles est resté le symbole de sa sexualité. **En bas** : Ce détail, montrant les deux petits animaux aux pieds du chamane, représente sans doute deux chevaux sacrés nordiques. On peut les retrouver sur les portes de granges des immigrés germaniques de Pennsylvanie, USA.

truction par le feu des exemplaires les plus manifestement païens. Cependant, j'en ai trouvé un datant d'environ 1480, qui montre une figure type Herne/Pan avec des emblèmes solaires, tenant le balai, habillé en vêtements féminins et portant ce qui ressemble à un masque de momerie [1] ou une coiffe avec des cornes. À ses pieds se trouvent les chevaux sacrés germaniques (voir illustration p. 127).

Grâce à la persistance du folklore, des éléments du culte de Herne/Pan et de la Vieille Religion existent encore aujourd'hui par l'intermédiaire du Père Noël, de Santa Claus, de Sinterklaas et de son Valet noir, comme à travers d'autres traditions de Noël. Je ne peux que conclure ici que l'ancêtre originel de notre Père Noël moderne n'est autre que son Accompagnateur (Valet) noir mythologique, autrement dit un vague souvenir de Herne/Pan, l'ancien esprit de la Nature chamanique de la Vieille Religion.

1. *N.d.T.* Voir note 2 p. 125.

7

Saint Nicolas et le Hollandais

Certains Américains se rappellent que leur Père Noël – Santa Claus – fut baptisé d'après le nom du Hollandais Sinterklaas (contraction de saint Nikolaas), le personnage des fêtes hivernales des Hollandais, qui fut amené à New Amsterdam (aujourd'hui New York) par les colons du XVIIe siècle. Deux siècles plus tard (le Hollandais ayant disparu depuis longtemps), on demanda à Thomas Nast, un artiste américain né en Bavière, de dessiner ce Santa Claus. Mais il n'avait aucune idée de ce à quoi il pouvait ressembler. Aussi le représenta-t-il sous la forme d'une sorte de troll, petit et revêtu de fourrures, qu'il avait connu en Bavière quand il était enfant. Ce personnage était assez différent du grand Sinterklaas hollandais, qui était traditionnellement représenté comme un évêque catholique. En fait, le personnage que Nast représenta était l'Accompagnateur/Valet noir de saint Nicolas, Swarthy, ou Black Peter (Pierre le noir [1], un surnom argo-

1. Les termes « noir/*black* » et « blanc/*white* », tels qu'ils sont utilisés dans ce livre, ne font pas référence à un concept de race ou de couleur, mais sont utilisés dans leur acception

tique pour le diable chez les Hollandais du Moyen Âge), le Herne/Pan chamanique (connu en Europe sous différents noms).

Dans les zones nouvellement christianisées où les cultes païens celtiques et germaniques demeuraient forts, les légendes du dieu Wodan furent confondues avec celles de différents saints chrétiens. Saint Nicolas fut un de ceux-là. Dans certaines régions chrétiennes, saint Nicolas gouvernait seul. Dans d'autres secteurs, il était assisté par son Valet noir païen (l'esclave dont il avait hérité du dieu germanique Wodan). Ailleurs encore, dans des régions reculées où l'Église avait peu de pouvoir, d'anciennes poches de la Vieille Religion contrôlaient les traditions. Et là c'était l'Accompagnateur noir qui gouvernait seul, mais parfois d'une manière très déroutante, sous le nom de saint Nicolas ou « Klaus », sans pour autant changer sa menaçante apparence d'Herne/Pan recouvert de fourrures (c'est cette figure que l'artiste Nast utilisa plus tard comme modèle pour le Santa Claus américain primitif).

Mais le saint Nicolas catholique avait aussi un passé déroutant. Il était en fait la fusion de deux saints distincts (l'un venant de Myre en Asie Mineure, l'autre de Pinora), les deux n'étant – comme l'admet l'Église aujourd'hui – rien d'autre que des divinités de l'eau christianisées (peut-être liées au dieu gréco-romain Poséidon/Neptune) [1].

Ce saint Nicolas désormais apocryphe était vénéré, non seulement comme patron des enfants, mais aussi des marins, des marchands, des voleurs et des prostituées (on considérait d'une certaine manière ces quatre derniers comme rentrant dans la même catégorie). On lui prêtait des actions charitables (comme le don d'une dot à deux jeunes filles pauvres [2]) et des miracles (la résurrection des deux enfants qui avaient été massacrés et conservés dans la saumure par un méchant boucher). À la suite de leurs raids en Méditerranée, les Vikings rappor-

---

médiévale, c'est-à-dire « sombre, ou noir, comme le Mal » et « lumineux, ou blanc, comme le Bien ».

1. Dans les années 1970, le concile de Vatican II établit formellement qu'aucun évêque catholique romain du nom de Nicolas n'avait jamais existé, et que les légendes attribuées à ce saint n'étaient pas d'origine chrétienne et venaient probablement de traditions païennes.

2. *N.d.T.* Ce qui leur permettait de se marier et d'éviter ainsi d'être livrées à la prostitution par leur père. C'est l'origine de saint Nicolas, patron des prostituées.

tèrent le culte du chrétien saint Nicolas d'Italie en Europe du Nord, et là ils se mirent à construire des églises dédiées à saint Nicolas pour protéger les marins. Quand la flotte de Guillaume le Conquérant fut frappée par une tempête pendant son invasion de l'Angleterre, il est notoire qu'il invoqua la protection de saint Nicolas. À cette époque, les offices de l'Église ne mentionnaient saint Nicolas qu'en tant que protecteur des navigateurs. Mais les autorités ecclésiastiques fermèrent initialement les yeux sur la fusion des mythes du Nicolas méditerranéen avec les mythes attachés au dieu germanique païen Wodan et avec les traditions encore plus anciennes d'Herne/Pan.

En absorbant de telles fêtes et traditions païennes, l'Église chrétienne pouvait subtilement introduire sa propre théologie : dans le cas présent, tout en installant le bon saint Nicolas dans son rôle de porteur d'amour et de dons, elle autorisait à contrecœur la présence du Herne/Pan de la Vieille Religion, mais seulement comme valet du saint. Ainsi, dans des parties de l'Europe, l'Église transforma Herne en Valet noir – captif et enchaîné – de saint Nicolas. Il ne devenait rien d'autre que Satan, le Sombre, le Noir, Symbole de tout Mal. Les seules fonctions qui lui restaient maintenant étaient celles de porter le sac, d'effrayer les jeunes filles et les enfants pour qu'ils adoptent une attitude pieuse, et d'entraîner les pécheurs et les païens vers l'Enfer chrétien. Mais en dépit de cet assassinat du personnage, la masse des pauvres gens vit dans cet Accompagnateur noir réduit en esclavage un reflet de son propre asservissement. Il resta leur Herne, faisant un pied de nez à l'Église chrétienne, un rappel malicieux et nostalgique de l'époque de leur propre passé païen libre et robuste.

En Hollande et dans plusieurs autres pays européens, le personnage de saint Nicolas est encore très estimé. Il apparaît comme un vieil homme de haute stature, digne, avec une barbe et des cheveux blancs, vêtu comme un évêque catholique, avec cape, mitre et bâton pastoral. Il a apparemment tout du saint catholique authentique, mais il a une curieuse habitude, assez peu conforme avec la sainteté chrétienne, de chevaucher dans le ciel sur un cheval blanc, suivi de son Valet noir. Il semble que notre saint catholique ait hérité de certaines coutumes liées au dieu germanique païen Wodan, qui était aussi un vieil homme à barbe et cheveux blancs, revêtu d'un chapeau et d'une cape, portant un bâton (ou une lance), chevauchant un cheval blanc sacré, et tirant le même valet/accompagnateur noir au bout d'une chaîne.

Le Sinterklaas hollandais amène des présents aux enfants sages, tandis que les enfants désobéissants sont tourmentés par Zwarte Piet, le Valet noir, qui – brandissant sa baguette singulière en forme de balai – menace de mettre les jeunes femmes impertinentes et les méchants garnements dans le sac avec lequel il a apporté les cadeaux. En final, il serait censé les emporter vers quelque terrible lieu en Espagne (d'où saint Nicolas était supposé venir, sans qu'aucune raison historique connue vienne expliquer pourquoi). Mais bien sûr, cela n'arrive jamais car le bon Sinterklaas chrétien vient toujours plaider la cause de l'enfant désobéissant, obtenant de ce dernier la promesse de s'améliorer. Le mauvais (païen) Valet noir est alors réprimandé par Sinterklaas et il lui est ordonné d'arrêter de menacer les enfants [1].

Ensuite, Sinterklaas distribue les cadeaux à tous « ceux qui ont été sages » (ou, jusqu'au XXe siècle, à tous « ceux qui connaissaient leurs prières »). En échange, les enfants sont censés laisser des offrandes de nourriture pour le cheval du saint (généralement du foin et des carottes), placées soit dans une chaussure, soit dans un bas. Dans certains secteurs, un verre de gin est aussi laissé en cadeau pour le bon saint lui-même, mais je soupçonne qu'il s'agisse là plutôt d'une coutume moderne apocryphe pour réconforter les « esprits » de nos chamanes modernes. Quand, peu avant l'aube, les offrandes ont disparu et ont été remplacées par les cadeaux, cela prouve que Sinterklaas est vraiment passé pendant la nuit.

Nous pouvons clairement reconnaître dans tout cela la leçon que l'Église chrétienne, ici représentée par saint Nicolas, enseigna aux païens : vous pouvez vous distraire avec vos vieilles fêtes d'automne/ hiver, tant que vous connaissez

1. Cette mise en scène était généralement très efficace pour obtenir plus de discipline des enfants, mais les psychologues de l'enfance modernes semblent désapprouver de tels traitements. En résultat, le rôle du Valet noir est aujourd'hui fréquemment tenu par des femmes à la jeunesse douteuse en collants et arborant un visage noirci, jouant comme quelque clown amical et tendant des présents aux enfants, qu'ils se tiennent bien ou pas. Autant pour l'éducation moderne des enfants !

Pierre noir/Black Pete, le « grand-père » de notre Père Noël moderne. Connue en Hollande sous le nom de Zwarte Piet, cette version allemande du XVIIIe siècle est – comme son ancien ancêtre chamanique – encore cornue, recouverte de fourrure, effrayante et peu gentille pour les enfants. Bien que représenté comme l'accompagnateur esclave de saint Nicolas, les deux sont, dans de nombreux villages, fondus en un seul personnage. Celui-ci porte souvent le nom de Nikolaas ou Klaus, mais il a l'apparence sombre du Valet noir. On le connaît sous de nombreux noms dans toute l'Europe : Grampus, ru Klas (« Klas le brutal »), Hans Trapp, Klawes, Ashenklas, Klas Bur, Bullerklas, Joseph, Pelzmarte, ou parfois, sous la forme féminine, Berchte, Budelfrau, Befana ou Buzeberght. La date où le personnage apparaît varie aussi.

En haut : Le père de l'auteur, déguisé en saint Nicolas hollandais traditionnel. **En bas** : Le saint Nicolas hollandais (Sinterklaas) et son Valet noir (Zwarte Piet). En Hollande, en Belgique et dans des parties de l'Allemagne, le vieux culte de saint Nicolas est demeuré plus ou moins inchangé jusqu'à aujourd'hui.

vos prières et devenez de bons chrétiens. Vous serez alors récompensés. Mais si vous ne faites pas cela, vous serez précipités en enfer par votre propre passé païen effrayant et son représentant, le sombre Herne/Pan – qui n'est rien d'autre que Satan lui-même – à moins que vous ne vous repentiez, ici et maintenant !

Comme le Père Noël, Sinterklaas et le Valet noir étaient aussi censés avoir l'étrange habitude de pénétrer dans les logis par la cheminée, un passage assez indigne et sale [1]. Bien que l'on puisse admettre cela possible dans les grands âtres médiévaux, le chauffage central moderne l'a rendu un tant soit peu plus difficile.

De nos jours, le saint Nicolas hollandais ne vient pas toujours la nuit comme un voleur. Selon une tradition hollandaise (assez récente), il arrive « d'Espagne » en bateau à vapeur avec son cheval blanc et son valet noir, qui est maintenant assisté par une douzaine ou presque d'autres valets noirs. Il est alors reçu par le maire de la ville et une grande parade est organisée en son honneur à travers la ville. Ensuite il visite personnellement certaines familles chanceuses.

L'usage des valets noirs a récemment entraîné de ridicules accusations de préjugés raciaux, accompagnées d'une pression pour que l'on utilise des valets « blancs ». C'est une situation stupide dès lors que Herne n'a jamais été de race noire, mais qu'il est seulement la représentation par l'Église de la force des Ténèbres satanique et sombres. Pauvre Herne, il en aura vu de toutes les couleurs au cours du temps.

Dans d'autres pays européens, les détails, noms et dates de célébration peuvent varier, mais dans l'ensemble les personnages et rituels tendent à se ressembler.

En République tchèque, saint Nikolas descend du ciel suspendu à un fil d'or.

Au Danemark, le personnage de Santa Claus (appelé *Julman* ou « Père Jul ») est une renaissance récente. Les personnages vraiment traditionnels sont les *Nisser*, sorte de petits gnomes malicieux avec des bonnets rouges, qui jadis faisaient assez peur. Ils faisaient partie de tout un clan de créatures

1. Au début du Moyen Âge, on pensait que la cheminée était la voie par laquelle les esprits entraient dans la demeure et la quittaient.

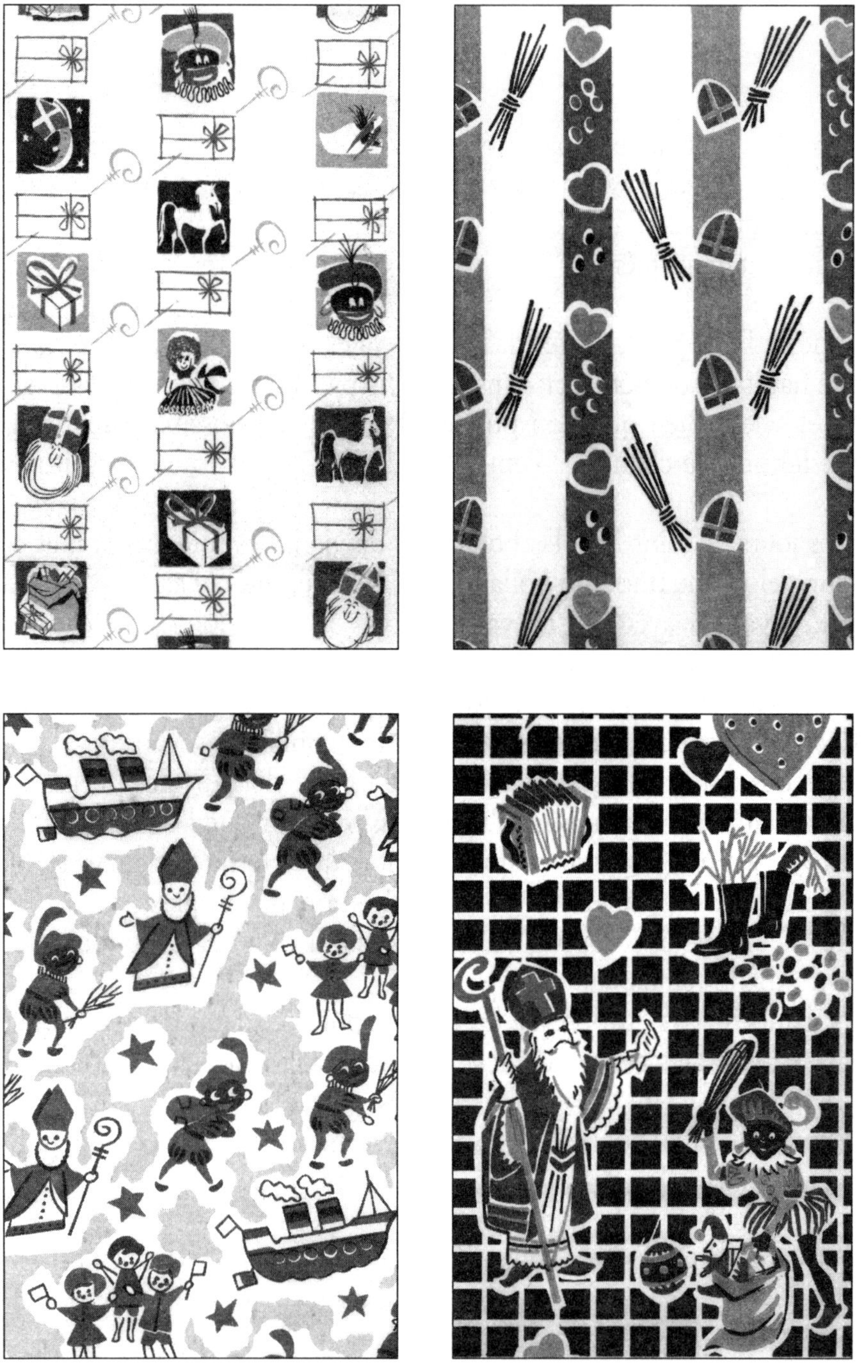

Ces exemples de papier d'emballage de Noël hollandais des années 1960 montrent de nombreux symboles et aspects des légendes de saint Nicolas et de Zwarte Piet (Pierre le Noir).

diaboliques et recouvertes de poil. En Suède, une semblable sorte d'elfe, le « Tomten », chevauche le bouc du vieux dieu païen Donar [Thor].

À Sarajevo, en Bosnie, saint Nickolas apparaît avec des présents pour les enfants malgré la guerre et les bombardements. Il est assisté par un petit démon noir qui effraie les enfants.

Dans des parties de l'Italie – en dépit de toutes ses crèches avec l'Enfant Jésus –, on trouve encore une vieille créature effrayante, ressemblant à une sorcière (avec un balai). Elle s'appelle Befana. Comme le Sinterklaas hollandais et son valet, elle pénètre dans les logis par la cheminée, ramasse les offrandes de nourriture et laisse des cadeaux. Cette version féminine de type sorcière du Valet noir existe également dans des parties de l'Autriche et de l'Allemagne. Là on la connaît sous le nom de Budelfrau, Berchtel ou Buzebergt. On en déduit que, comme les chamanes, les Valets noirs pourraient être soit homme soit femme, ou encore travestis.

En Grande-Bretagne, où Cromwell éradiqua si violemment la Vieille Religion, saint Nicolas fut très largement oublié, avant d'être réimporté d'Amérique sous la forme de Santa Claus dans la seconde moitié du XIXe siècle. Mais comme nous le savons grâce au *Chant de Noël* (*A Christmas Carol*) de Charles Dickens, avec son « Esprit du Noël présent »[1], de vagues traditions anciennes demeuraient. Ce personnage semble être une fusion de coutumes grecques liées au dieu Dionysos (ou Bacchus pour les Romains) et d'une figure païenne semi-divine, pour partie grand-prêtre druidique, pour partie Herne le Chasseur, généralement revêtue de longues robes vertes doublées de fourrure (voir illustration p. 146). Dès lors que, comme le Santa Claus américain, cet Esprit était un vestige de Herne/Pan (et non du chrétien saint Nicolas), il portait la baguette en forme de balai. En Cornouailles, ce même personnage arborait en plus des cornes, à l'instar de tant de Valets noirs sur le continent. Dans certaines campagnes reculées de Grande-Bretagne, on se souvient également du païen Herne le Chasseur, Roi cornu de la Forêt, qui, avec son chêne sacré, est

1. *N.d.T.* Dans le conte merveilleux de Dickens, *Un chant de Noël,* le vieux Scroge va rencontrer l'un après l'autre les trois Esprits de Noël : l'Esprit du Noël passé, l'Esprit du Noël présent, et l'Esprit du Noël futur (voir par exemple l'édition illustrée, Gründ, Paris, 1992).

mentionné par Shakespeare dans *Les Joyeuses Commères de Windsor* (acte IV, scène 4) [1]. Le fait qu'il soit récemment apparu dans un feuilleton de la télévision anglaise sur Robin des Bois – l'ennemi implacable des Normands germaniques et défenseur des pauvres villageois des forêts opprimés – prouve s'il en est besoin qu'il est loin d'être oublié. Dans cette histoire, Robin est choisi pour devenir Herne, l'esprit chamanique de la forêt.

En Allemagne, le Valet noir de saint Nicolas est un petit homme brun, cornu et effrayant, brandissant sans cesse le balai de bouleau. On le connaît sous de nombreux noms : Knecht Ruprecht (Ruprecht le valet), ou en Bavière Pelz Nickel, signifiant « Nick aux fourrures ». Au Tyrol, sa représentation est encore plus claire : là, le Valet noir est Klaubau, une version effrayante de Herne le chasseur britannique, une créature au visage noir, enchaînée, velue et cornue. Dans d'autres régions, on l'appelle Hans Trapp, Klawes, Klas Buer, Klapperback, Pelzmaerte, Saint Peter, Ashenklas, Bartle ou Grampus [2].

Dans certains jeux d'enfants allemands (une excellente source des traditions anciennes), la figure de saint Nicolas lui-même est le Valet noir, un diable qui veut punir les enfants, mais qui est en est empêché par le Christ. Ce saint Nicolas/diable n'est évidemment pas un saint chrétien. Cela nous rappelle ce fait étrange que les noms Old Nick/Vieux Nic [3], Old Nick Bogey (Bog ou Bogey était un dieu païen et celtique) [4], Saint Nick, Olde Saint Nicholas, ou simplement Nick, étaient tous – au moins dès le XVIe siècle et probablement

1. *N.d.T.* « – Une vieille tradition raconte que Herne le Chasseur, garde de la forêt de Windsor au temps jadis, revient, durant tout l'hiver, dans le calme de minuit, rôder autour d'un chêne, avec de grandes cornes au front ; et alors il flétrit les arbres, il ensorcelle le bétail, il fait donner du sang aux vaches laitières, et secoue une chaîne de la manière la plus sinistre et la plus effroyable. » Trad. François-Victor Hugo (Ed. Garnier-Flammarion, Paris, 1966).

2. *N.d.T.* En France, il ne faut pas manquer de penser au Père Fouettard qui rappelle le côté effrayant de saint Nicolas/Valet noir.

3. Nick était un nom populaire précoce pour le diable, comme dans le terme anglais *nickname* [surnom, pseudonyme], signifiant un nom qui n'était pas un nom chrétien, c'est-à-dire pas le nom de baptême, mais un nom païen, un nom donné par Nick, le diable.

4. *N.d.T.* Voir note 1 p. 128.

Dans la classe moyenne en Grande-Bretagne, on se souvenait d'une forme élégante des festivités d'hiver dionysiaques qui était fondue avec des réminiscences de Herne, l'esprit de la Nature, comme on peut le voir dans cette illustration du XIXe siècle du Fantôme du Noël présent, d'après ***A Christmas Carol*** de Dickens.

bien avant cela – des synonymes du diable païen (chamane). Cela suggère, ici aussi, que l'aspect chrétien de saint Nick n'était que superficiel [1].

Dans d'autres endroits d'Europe, les coutumes reliées au saint Nicolas hollandais et allemand sont attribuées à saint Pierre et ailleurs à saint Martin. Elles sont célébrées les jours de ces saints. C'est sans doute la conséquence inévitable des confusions du début du Moyen Âge nées de l'instauration par les autorités ecclésiastiques de leur nouveau calendrier et de leur volonté d'ancrer à des nouvelles dates de saints spécifiques les fêtes populaires vieilles de plusieurs siècles. Dès lors que les fêtes locales d'abattage/moisson variaient selon les latitudes et les conditions climatiques, les mêmes fêtes finirent par se retrouver à des dates de saints différentes (voir chapitre 3).

Comme vous pouvez le voir, nombre de ces vieilles coutumes ressemblent à celles de notre Père Noël moderne, mais quelles sont leurs origines ? D'où viennent-elles exactement avant saint Nicolas, voire avant Wodan ? Répondons d'ores et déjà que le plus vieil ancêtre du Père Noël existait des milliers d'années avant la naissance imaginaire de ce faux saint du Ve siècle.

1. Les noms Nick, Klaas et Klas viennent de *nikker* (vieux hollandais) ou *nicor* (moyen anglais), signifiant « gobelin » ou « esprit de l'eau ». Cela peut expliquer pourquoi on donna le nom Nicolas au saint catholique créé pour remplacer une divinité païenne de l'eau et qui protégeait ceux qui voyageaient sur l'onde.

8

Anciennes racines

Pour redécouvrir nos racines et exposer les origines de la figure du Père Noël, il est nécessaire d'effectuer une recherche historique, culturelle et religieuse dans un sombre passé, dont il n'existe pas de traces écrites. Par conséquent, une bonne partie de nos découvertes dépend de l'étude de sociétés primitives similaires qui existent encore (ou qui existaient dans un passé récent), et de l'étude de la culture et de l'anthropologie européennes, qui, curieusement, ne commence sérieusement qu'après la Seconde Guerre mondiale.

Le mythe du Père Noël se révèle l'un des plus anciens et des plus tenaces de la société occidentale, en dépit du fait que, comme nous le savons maintenant, la religion chrétienne – comme les anciennes religions germaniques – fit tout ce qu'elle put pour absorber et/ou détruire les mythes populaires des ancêtres du Père Noël. Trois secteurs de recherche sont importants : les races et cultures, les religions, et les occupations des populations.

Races et cultures

Il y a deux mille ans, l'Europe occidentale était habitée par de nombreuses races, tribus et cultures différentes : au nombre de celles-ci, on trouvait les populations indigènes les plus anciennes [dont le nom s'est perdu], les Celtes, les Germains et les Romano-Latins. Ces races et cultures se succédèrent, mais aussi coexistèrent et se mélangèrent. Par exemple, la culture primitive la plus ancienne aux origines préhistoriques coexista avec des cultures ultérieures jusqu'au XVIIe siècle. Il reste encore des traces de celle-ci dans de nombreux endroits.

Religions

Au sein de ces races et cultures, il existait deux catégories religieuses radicalement différentes.

1. Les religions voyant la Nature comme une entité vivante : les conceptions du chamanisme primitif et de la Terre-Mère liée au matriarcat.

2. Les religions avec des dieux anthropomorphes [1] mâles : celtique/germanique, gréco-romaine et chrétienne (catholique romaine et plus tard protestante).

Comme les différentes races, ces religions arrivèrent l'une après l'autre, ou, dans certains endroits, elles existèrent les unes à côté des autres et entrèrent en conflit. Il est important de réaliser que toutes les religions anthropomorphiques de l'Europe occidentale (y compris le christianisme) furent, ou finirent par être, des religions masculines et guerrières, imposées au peuple ordinaire par les conquérants et les classes dirigeantes installées par ces conquérants.

Traditionnellement, la religion a toujours été un moyen efficace pour les oppresseurs de contrôler les cœurs et les esprits des populations. Jusqu'à aujourd'hui, on a pu le constater dans de nombreux pays. Par nécessité de se préserver, la plupart des individus ordinaires prétendirent se soumettre aux nouvelles religions, alors qu'ils continuaient tranquillement à suivre leurs propres traditions culturelles et croyances religieuses. Comme dans toutes les

1. Anthropomorphe : « À l'image de l'homme ».

situations de ce type, certains essayèrent d'obtenir les faveurs des forces d'occupation en trahissant leurs amis (à l'époque de l'Inquisition notamment). D'autres rejoignirent les ordres religieux pour essayer, avec un degré modéré de réussite, d'œuvrer de l'intérieur du système pour accentuer les aspects spirituels, culturels et humains de la nouvelle religion (souvent en mélangeant le meilleur des deux religions, l'ancienne et la nouvelle). Par conséquent, des vestiges des religions conquises ont continué d'exister à l'époque chrétienne – et même jusqu'à aujourd'hui. Le mythe du Père Noël est un de ceux-là.

Occupations

La cueillette d'herbes sauvages et de semences et la chasse de petits animaux tant par les hommes que par les femmes étaient des activités typiques des païens primitifs les plus anciens. En premier lieu, cette circonstance créa une société et une philosophie qui ne furent pas orientées sur la propriété (et par conséquent, une société paisible). Au sein de cette société, les hommes et les femmes étaient également respectés. L'invention de l'agriculture par les femmes, associée au mystère de l'enfantement, renforça à une époque les positions des femmes et dans certains cas conduisit au matriarcat. Ensuite vint la nécessité de garder le bétail, qui créa le concept de propriété (et par conséquent, la cupidité, le vol et la guerre).

On ne pouvait chasser les plus grands animaux et les troupeaux qu'en organisant des chasses collectives, regroupant plusieurs clans, sur ce qui avait toujours été les terrains de chasse communautaires. Quand les clans se rassemblaient à des dates lunaires ou solaires spécifiques, chaque clan s'identifiait à l'aide des peaux, masques et autres symboles de son animal totem. Quand la chasse était terminée, les clans célébraient cette fin pendant plusieurs jours avec un partage communautaire du gibier tué, suivi de danses rituelles, de rites de fécondité (sexe), mais aussi de pures ripailles, des concours de lutte, des fanfaronnades et des récits de vieilles histoires. Plus tard, quand l'époque des grandes chasses fut révolue, ces traditions continuèrent lors des fêtes d'automne/hiver des moissons et de l'abattage.

Les hommes de l'âge de la Pierre ne furent pas aussi primitifs ou inaptes que certains pourraient le penser. Les gravures rupestres norvégiennes vieilles de six mille ans montrent des skieurs (comme aujourd'hui, tant sur des skis longs que courts). Des tests effectués par des archéologues ont prouvé que deux hommes pouvaient abattre, brûler et éclaircir un demi-hectare de forêt de pins en moins de quatre jours, en utilisant seulement les haches de pierre de la période.

Quand les hommes passèrent de la chasse à la domestication et à l'élevage de bétail, et à l'agriculture, un nouveau – et souvent sujet de contrariétés et de litiges – concept de droits de propriété fut introduit, particulièrement à l'égard des animaux nouvellement domestiqués. Jusque-là, tous les animaux avaient toujours été du « bon gibier » pour tous. Comme dans le vieil Ouest américain, cela mena aux conflits tribaux et à la guerre, et une caste guerrière et une aristocratie des plus forts naquirent, associées à une nouvelle religion guerrière paternaliste. Cette situation devint typique des tribus païennes celtiques, germaniques et romaines, avec leurs luttes intertribales constantes et leurs vols de bétail. L'aristocratie chrétienne ultérieure continua dans cette même voie, allant jusqu'à prétendre que tout le gros gibier, le poisson et le bois lui appartenaient « au nom du roi ».

* * *

L'Église chrétienne primitive s'établit d'abord en Europe occidentale dans les territoires au sud et à l'ouest du Rhin – un espace qui s'était trouvé sous le ferme contrôle militaire et culturel des Romains pendant plus de 400 ans. Maintenant, appuyée par ce qui restait du pouvoir militaire de Rome, la nouvelle Église chrétienne entreprit des efforts majeurs, et par moments violents, pour éradiquer tous les vestiges de culte païen survivant, particulièrement ceux de l'ancienne et tenace Vieille Religion, mais aussi les religions plus récentes celtiques et germaniques.

Quand, 500 ans plus tard, les missionnaires chrétiens essayèrent de convertir les différentes tribus guerrières indépendantes qui n'avaient jamais été dominées par Rome, ou qui résidaient dans des îles distantes et des zones frontières (comme la Lituanie, les Alpes, les marais néerlandais, et les *Highlands* galloises et écossaises), ils durent agir d'une manière plus prudente et plus diplomate. En résultat, l'Église eut tendance à laisser perdurer les fêtes et coutumes païennes, du moment qu'elles étaient maintenant liées à des jours de saints du nouveau calendrier chrétien.

L'abattage hivernal des troupeaux (un massacre collectif à l'époque où il n'y avait pas de moyen de conserver assez de fourrage pour nourrir tous les animaux pendant l'hiver) suivait la dernière moisson. L'abattage intervenait naturellement à différentes époques, selon le climat au moment de la moisson. En Europe occidentale, cela se passait entre le 3 novembre (jour de la Saint-Hubert, le saint patron cornu de la Chasse) et l'époque du jour le plus court (le Solstice d'Hiver). En Hollande, cet événement était célébré le jour de la Saint-Nicolas (6 décembre).

Lors de la veillée du 6 décembre (après le crépuscule du 5 décembre), le mythe disait que ce vieux « saint » à barbe et chevelure blanches, revêtu d'un ample manteau, chevauchait à travers les cieux sur un cheval blanc, avec son serviteur brun, le Valet noir. Cet accompagnateur forcé devait distribuer des présents aux personnes bonnes, mais préférait de beaucoup les menacer avec son fouet en forme de balai. Et, sur un signe de son maître, il aurait en jubilant, entraîné les pécheurs vers un lieu d'éternelle souffrance.

Ceux qui connaissent bien la mythologie européenne reconnaîtront là trois entités distinctes :

Wodan/Odin : le dieu solaire germanico-nordique [1], l'ami de l'homme, le mystérieux cavalier du *Schimmel* (voir ci-dessous). Tirant derrière lui, au bout d'une chaîne, son esclave diabolique et sombre Eckhart, il chevauche dans les cieux en tempête. Il mène la Chasse Sauvage, évitant, et finalement soumettant les puissances du Mal. Il arbore également un chapeau à larges bords, un large manteau, il tient sa lance, et parcourt les cieux à cheval (remplacez son chapeau par une mitre d'évêque et la lance par une crosse, et vous obtenez le saint Nicolas hollandais).

1. Certains contestent cela, dès lors que, pour les Romains, Wodan était identique à leur dieu Mercure. On pense également que Balder, un des fils de Wodan, a été le dieu solaire. Les deux théories peuvent être correctes, dans la mesure où l'image de Wodan semble avoir été différente selon les époques.

Le Schimmel[1] *:* Nom d'un cheval sacré blanc ou gris pommelé, brillant et fantomatique. Sleipnir, le coursier sacré de Wodan ; le cheval blanc sacrificiel de l'ancien culte germanique, connu en Angleterre sous le nom d'Old Hob, dont on peut encore voir l'image sur les portes de granges en Europe et en Pennsylvanie (USA). Pendant la Préhistoire, le cheval était sacrifié et sa chair mangée, après quoi toute sa peau séchée et son crâne étaient utilisés pour orner les pignons de la ferme et pour amener chance et protection[2]. Jusqu'au XXe siècle, un crâne de cheval, avec des mâchoires claquantes, était utilisé dans des rituels villageois tant en Angleterre et au Pays de Galles, que sur le Continent. L'Église chrétienne était si opposée à ces sacrifices de chevaux païens qu'elle interdit la consommation de chair de cheval. C'est pour cela que tant de gens, encore aujourd'hui, considèrent comme un « tabou » de manger de la viande chevaline.

Le Valet Noir : Eckhart, le serviteur de Wodan, est Herne/Pan, le Cornu païen des premiers temps, Herne le chasseur, Roi de la Forêt, le Sombre ; l'ancien esprit chamanico-naturel inconstant et préhistorique de la Chasse, du Chant, de la Danse, de la Musique et du Sexe. Il était encore très populaire, à l'époque de Shakespeare. Il pouvait être soit mâle soit femelle, ou les deux simultanément. Il était parfois habillé en vêtements féminins, et portait souvent le balai, l'ancien symbole de fertilité avec lequel il avait l'habitude de menacer les jeunes femmes et plus tard les enfants.

Derrière la fausse apparence du saint Nicolas chrétien, nous avons ici une continuation du mythe païen du dieu nordique Wodan, chevauchant à travers les cieux en tête de la Chasse sauvage, sur le *Schimmel* germanique sacré, avec Eckhart, son accompagnateur-serviteur noir ; ce dernier n'étant rien d'autre que le chamane Herne/Pan des races primitives de la forêt vaincues.

C'est un exemple typique de la fusion des pensées religieuses et mythologiques païennes et chrétiennes sous les premiers conquérants germaniques, plus

1. *N.d.T.* Mot allemand se traduisant littéralement par « cheval blanc ».

2. L'utilisation de fers à cheval pour un but identique est une variante ultérieure de cette superstition.

Le Santa Claus européen, également appelé « Père Noël ». Celui-ci réapparut au début du XIXe siècle après que l'Église eut perdu une bonne partie de son pouvoir à la suite de la Révolution française. Il était revêtu d'une grande robe en fourrure (ou doublée de fourrure verte) à capuchon et portait une corne, des plantes de Noël ou un arbre, le célèbre balai/baguette de Herne, et parfois une torche allumée. Notez le diable à ressort à sa taille, un symbole phallique.

Amener le Vieux Noël (Bringing in Olde Christmas). Une très rare illustration du milieu du XIXe siècle d'une fête de Noël en Angleterre avec Herne/Pan. L'utilisation des mots « ***Olde Christmas*** » (Vieux Noël) indique que ce n'est pas la Noël chrétienne ordinaire, mais une coutume archaïque. Nous voyons le personnage de Herne dansant, barbu (masqué ?), cornu (ou peut-être portant des bougies sur sa tête comme Lucie). Il se tient dans un berceau de plantes persistantes avec des masses de gui au-dessus de sa tête. Au-dessus de lui, un personnage chevauche un balai. Un autre enfourche une bûche de Jul. Il tient un autre emblème classique du chamane, le trident (plus tard transformé en symbole satanique par l'Église).

Cette illustration de Noël du début du XIXe siècle est remplie d'anciens symboles. Sur un trône avec des cœurs, et flanqué d'un Cupidon dépité, une figure de Herne/Pan cornue, quelque peu étonnée, regarde trois Dames chrétiennes riches faire la charité aux déshérités rampants. Herne, dans un geste sexuel peu subtil, « tourne la coupe de sa Dame » (« ***stir his lady's cup*** », une expression argotique désignant le sexe) avec sa baguette phallique ressemblant à un thyrse. Cette baguette est entourée par de petits personnages nus dans des poses d'abandon sortant de la « cuillère » (***spoon***, autre expression argotique pour jeu sexuel) de sa Dame, et par des fées voletant, exécutant ce qui ressemble à une pure danse de sorcières avec une minuscule figure de Herne cornue (coin supérieur droit). Deux bouffons farceurs boivent et regardent avec un air désabusé. Selon la mode victorienne typique, l'illustrateur fait mine de désapprouver les fêtes de Noël païennes sexuelles en montrant des personnages fantomatiques ressemblant à des nonnes à l'arrière-plan.

tard adaptée par l'Église catholique romaine au début du Moyen Âge. D'anciennes légendes méditerranéennes de Nicolas, le saint chrétien, furent ajoutées à ces mythes païens. Aujourd'hui, des siècles plus tard, ce mélange mythologique sous-tend encore la légende américaine (et maintenant internationale) du Père Noël/Santa Claus.

À une époque, les chercheurs conclurent que saint Nicolas n'était rien de plus qu'un souvenir du dieu païen Wodan adapté à la foi chrétienne. Mais qu'en est-il de son Valet noir (autrement dit Herne le Chasseur, Seigneur de la Forêt, Eckhart, Pan, Puck, Robin Goodfellow/Robin Gai-Luron, Nick, Pelz-Nickel, Zwarte Piet/ Pierre le Noir, Knecht Ruprecht, la sorcière Befana, pour ne reprendre que quelques-uns des nombreux noms sous lequel on connaît ce personnage) ?

En fait il y a beaucoup plus à dire que cela, car c'est le personnage le plus ancien, c'est Herne/Pan, le Valet noir, le serviteur de Wodan et de saint Nicolas – et non le dieu celtico-germanique Wodan – qui est le véritable ancêtre de notre mythe moderne du Père Noël. Pour comprendre pourquoi, nous devons observer les théories anthropologiques relativement récentes concernant l'Europe des commencements.

9

Traditions

La Hollande est un excellent pays pour étudier les anciennes traditions européennes. Ici, comme dans d'autres pays germaniques et en Grande-Bretagne, de nombreux sacrifices d'animaux, de nombreux rituels et traditions de la Religion germanique et de la Vieille Religion ont perduré pendant des siècles et ont fini par faire partie des célébrations de Noël et de saint Nicolas. Au VIe siècle, le pape éclairé Grégoire le Grand écrivait à l'évêque anglais Augustinius :

Ne détruisez pas leurs temples païens, mais transformez-les en églises chrétiennes baptisées du nom de saints. Par la force de la coutume, le peuple continuera à venir là et vénérera désormais leur nouveau Dieu. Leurs sacrifices d'animaux devraient être maintenus, mais transformés ; au lieu d'être de purs sacrifices, ils fourniront la matière d'un repas chrétien en l'honneur de Dieu.

Les animaux sacrificiels nordiques (et romains) étaient le bœuf, le mouton et le porc. En étant conduits vers le lieu d'abattage, ils étaient décorés de guirlandes de fleurs et de feuilles. Dans les demeures hollandaises modernes, vous pouvez voir des porcelaines de Delft ou des cruches épousant la forme de ces animaux sacrificiels, décorés de couronnes de fleurs peintes, comme le voulait la tradition il y a 2 000 ans, dans les rituels païens. Dans certains villages, l'ancienne coutume existe inchangée. Là, l'animal vivant est paré de guirlandes de fleurs et, après lui avoir fait faire trois fois le tour de l'église, il est solennellement emmené en parade vers le boucher où il est rituellement abattu pour le repas de célébration.

À terme, il devint trop coûteux et malaisé, pour de nombreuses familles, d'abattre et de sacrifier des animaux aussi grands. Elles les remplacèrent par des offrandes de pain cuit dans la forme de l'animal, ou avec des biscuits (*cookies*), également en forme animale, comme ceux gravés dans les vieux moules à *speculaas* (biscuits) hollandais, les fameux *koekplanken* (planches à cookies). Ces biscuits traditionnels sont encore des aliments populaires des fêtes d'hiver.

Un des animaux sacrifiés était le sanglier, le cochon sauvage, dédié au dieu germanique du Tonnerre Thor [1] (un autre porteur et donneur de foudre). Jusqu'au début du XXe siècle, une tête de sanglier avec une pomme dans la gueule était solennellement servie dans les grands dîners de Noël « décorée de guirlandes de laurier et de romarin », comme le dit le *Chant de la Tête de Sanglier d'Oxford* (*Oxford Boar's Head Carol*). Ce plat est encore servi lors de la fête du même nom à l'Université d'Oxford en Angleterre.

Les grands cochons de Noël allemands en pâte d'amandes, comme le cochon-tirelire de notre jeunesse, avec ses guirlandes de fleurs, son gavage à l'aide de pièces de monnaie, ses enseignements moraux sur l'épargne et la générosité, et son « abattage » final en le cassant vers Noël, sont tous des réminiscences de cet ancien sacrifice.

On ne peut qu'émettre des hypothèses sur les origines d'autres coutumes des fêtes d'hiver qui existent encore dans certains pays. Quelle était l'origine, par exemple, de la coutume de donner de jolis cadeaux (appelés « surprises », ou, en Scandinavie, *Julklap*) cachés dans de multiples emballages, voire dans des objets apparemment sans intérêt (comme une pomme de terre vidée), et accompagnés par un poème moqueur, ou même insultant, en vers métriques ? Nous savons que cette coutume existait déjà il y a 2 000 ans à Rome, et proba-

1. *N.d.T.* Le sanglier est plutôt l'animal consacré au dieu de la fertilité Freyr.

En haut : Le bœuf sacrificiel. Comme on le voit ici, sur une gravure de la fin du XVIIIe siècle, l'ancien sacrifice païen d'un taureau ou d'un bœuf – traditionnellement décoré de guirlandes de fleurs – existe encore après des milliers d'années. **En bas** : Tête de sanglier présentée solennellement (c'était jadis le sacrifice dédié au dieu germanique Thor).

En haut : Le chamane Santa sur un rare moule à biscuits ***speculaas*** du XVIIIe siècle. Sa coiffe suggère des cornes et il danse au son de l'archet, tandis que les feuilles sur ses manches l'identifient avec l'Homme sauvage, un autre nom pour le chamane de la Vieille Religion (le pénis ne pouvait être vu, naturellement). **En bas** : Cet ancien chamane dansant est l'ancêtre de celui du dessus.

blement bien avant ça. Était-ce une partie des coutumes et célébrations hivernales du « Seigneur du Désordre », qui permettaient aux esclaves, domestiques et étudiants de renverser temporairement leur position sociale, en les autorisant à insulter, ou à « dominer », leurs maîtres ? Mais pourquoi y avait-il alors un cadeau de valeur dans le récipient ordinaire voire repoussant ?

Il est fascinant de voir à quel point la mémoire de rituels – y compris de rituels étranges et horribles, comme le sacrifice humain –, peut persister longtemps. On dit que certains clans de païens nordiques mettaient à la mer leurs navires à tête de dragon sur les corps de jeunes victimes féminines sacrificielles. Celles-ci étaient entravées à la proue du vaisseau pour être écrasées au moment de la mise à l'eau. Avec la venue du christianisme, cette offrande épouvantable fut remplacée par un sacrifice de sang animal et plus tard de vin (aujourd'hui du champagne). Jusqu'à la fin du XIXe siècle, cependant, des figures de proue sculptées représentant le torse de jeunes femmes à la poitrine nue ornaient encore la proue des bateaux. Elles se trouvaient plus ou moins au même emplacement que les pauvres créatures qui étaient écrasées à mort au cours des cérémonies païennes 2 000 ans plus tôt. Coïncidence ? J'en doute.

Quand j'étais enfant dans les années 1920, il était encore habituel, les jours fériés d'hiver, de faire venir les domestiques et de leur donner à chacun un gros cookie appelé *vrijer* (amoureux). Il portait l'image d'un gentilhomme ou d'une dame du XVIIe siècle. Mais après un examen plus précis, on pouvait apercevoir un emblème solaire sur le manteau de l'homme et un petit chien (symbole de foi) à ses pieds. À une époque, il s'était agi de l'image du dieu nordique Wodan, le Porte-Soleil [1]. Les jeunes filles recevaient le cookie « homme » et les domestiques masculins, le cookie « femme ».

Le personnage féminin représentait Freya, la déesse de l'Amour et du Sexe (l'équivalent nordique de Vénus), qui avait toujours un oiseau sur son épaule. L'idée sous-jacente voulait que ce cadeau soit un porte-bonheur qui permettrait aux domestiques de trouver un fiancé ou une fiancée et de se marier.

---

1. Dans la mythologie nordique, Wodan remporta un combat contre le dieu du givre et conduisit son peuple vers le sud et le soleil, une référence évidente à un chef de l'âge glaciaire qui mena son peuple vers des terres plus chaudes.

Originellement, de tels présents étaient des symboles de fécondité. Le mariage sans enfant était considéré comme un drame pour une famille et, en raison de cela, les jeunes filles de ferme nordiques ne se mariaient pas avant d'être enceintes. Concrètement, jusqu'à la fin du XIXe siècle, les fermes frisonnes possédaient une arrière-salle dans laquelle dormait la fille à marier. Là elle était visitée par son (ses) amoureux, qui devait grimper par la fenêtre. Une fois enceinte, elle devait décider lequel de ses amants elle entendait reconnaître comme père de son enfant, et donc avec qui elle allait se marier.

Les rites de fécondité étaient reliés aux rituels de feu des Solstices d'Hiver et d'Été et aux célébrations d'abattage. Souvent ils intégraient l'allumage de grands bûchers au-dessus desquels les jeunes gens et jeunes femmes devraient sauter. D'autres incorporaient des jeux plus sensuels ; à son époque, le gui druidique sacré sanctifiait probablement un peu plus qu'un simple échange de baisers.

Certains des sacrifices provenaient de la culture germanique, comme le coq païen doré (consacré à Donar, le dieu du Tonnerre) qui protège encore le sommet des clochers de nombreuses églises de villages européens, et offrant théoriquement une protection contre le feu et la foudre. Cet exemple montre comment des groupes superstitieux se sentirent longtemps plus à l'aise en s'accrochant aux symboles de leurs croyances païennes qu'à ceux du christianisme. L'Église essaya plutôt maladroitement et sans conviction de remplacer la signification de ce coq païen par celle du coq qui chanta trois fois lors du reniement de Jésus par Pierre.

Le chat noir, ce symbole du mal et de la sorcellerie de la Vieille Religion, était un autre animal sacrificiel ancien. L'Église fut toujours particulièrement impatiente de faire cesser ces anciens sacrifices païens, qu'elle associait à Satan. Parmi ces sacrifices, on avait celui du « Duyvel's Kater » (le matou du Diable), le chat noir, longtemps symbole de malchance, que seuls Herne et ses sorcières pouvaient contrôler. Ceux qui connaissent bien les chats vraiment sauvages savent quels combattants vicieux ils deviennent lorsqu'ils sont coincés. Ainsi cela dut être une vision fantastique de contempler le premier chat apprivoisé ronronnant béatement sur les genoux d'une sorcière.

Le chat noir fait encore l'objet de superstitions, mais quand l'Église chrétienne interdit au peuple d'exécuter leurs sacrifices de chat (pratiqués à Halloween/Toussaint ?), les villageois remplacèrent secrètement le rituel par le sacrifice d'une miche de pain cuite en forme de chat. Au cours des siècles, le nom fut contracté en *duivekater* et sa signification fut oubliée. Après la Première Guerre mondiale, les boulangers ne lui donnaient même plus une forme de chat. Quand j'étais enfant, seuls quelques rares boulangers de Hollande savaient comment confectionner cette délicieuse miche brune gravée avec des motifs décoratifs, qui n'avait plus maintenant une forme de chat, mais ressemblait davantage à un grand poisson sans tête, avec une queue à chaque extrémité. Vous pouvez voir une miche semblable dans la peinture de Jan Steen, *De Bakker Oostwaard*, au Rijksmuseum d'Amsterdam. Les boulangers se rappelaient vaguement que ce pain avait quelque chose de spécial et ils ne le cuisaient que pour les fêtes d'hiver et de Pâques. Aujourd'hui, sa forme est carrément ronde et absolument plus personne ne se souvient du chat et de sa signification originelle.

En Europe, de nombreuses recettes traditionnelles sont encore en usage aujourd'hui, même si, avec le temps, le sucre a remplacé le miel comme agent édulcorant, et que le commerce des épices orientales a rendu le *speculaas* hollandais plus savoureux et plus épicé que le *lebkuchen* similaire allemand, qui utilise les ingrédients plus anciens. De même, l'ancienne coutume de donner à quelqu'un un morceau de gâteau ou de pain cuit épousant la forme de la rune nordique de son initiale – la raison de cela semble aujourd'hui totalement oubliée – existe encore, mais, aux Pays-Bas, elle est souvent remplacée par le fait d'offrir à quelqu'un une pièce en chocolat ayant la forme de son initiale.

Le jour de saint Nicolas, les enfants de chœur avaient l'habitude de choisir une sorte de roi d'un jour avec lequel ils avaient le droit de diriger l'église ce jour-là, mais aussi de demander l'aumône. Il peut s'agir ici d'un vestige de l'élection d'un faux roi (dieu) d'un jour de la Vieille Religion : l'élu chanceux était traité avec grand respect et il lui était accordé les pleins pouvoirs royaux. Mais pour un jour seulement – après cela il était mis à mort en sacrifice. Des traces moins fatales de cette coutume existent encore en France, où la

En haut : Le combat entre le chat et le coq symbolise le conflit entre le « Mal », le paganisme, et le « Bien », le christianisme (le coq, annonciateur de la résurrection, qui chanta également trois fois lorsque Pierre renia le Christ). L'ambiguïté vient du fait que le coq lui-même, comme le chat, était un symbole païen et un animal sacrificiel. Le coq païen, symbolisant le feu et la sexualité, devint opportunément chrétien au Moyen Âge. **En bas à gauche** : Des chats volant avec des sorcières. Le chien était le compagnon de chasse des hommes, mais les chats étaient les compagnons des femmes païennes (et des sorcières), protégeant les récoltes de grain et les réserves des nourritures contre les rats et souris. Dans leur tentative pour noircir les sorcières de la Vieille Religion, les autorités de l'Église chrétienne médiévale représentèrent le chat (un animal païen sacré et sacrificiel) comme une créature de Satan, un « démon familier », blotti de manière obscène sur les genoux de la sorcière, et qui l'accompagnait aussi lors de ses escapades aériennes perverses (sexuelles) à cheval sur un balai. En résultat, des milliers de chats furent brûlés vifs, avec leurs maîtresses. **En bas à droite** : Pour l'homme primitif, les chats – gros ou petits – symbolisaient le mal et la mort subite. Même les chats domestiques peuvent s'avérer des combattants incroyablement féroces. On ne sait pas clairement pourquoi les chats devinrent des animaux sacrés.

Douzième Nuit (la douzième nuit après Noël, ou Nuit des Rois [1]), un grand gâteau est partagé entre les invités. Celui qui trouve la pièce d'or cachée (aujourd'hui une fève) est le roi du jour (sans être sacrifié pour autant le lendemain).

Quand la Révolution hollandaise et la Réforme renversèrent le roi espagnol et son Église catholique, les aspects « évêque » de Santa Claus furent jugés insupportables par le gouvernement désormais protestant. L'Église n'avait jamais eu une forte emprise sur les pays nordiques, et les coutumes païennes supprimées depuis longtemps refirent surface à un tel point que les puritains, les protestants calvinistes, s'efforcèrent de se débarrasser simultanément de Sinterklaas et de Noël, traitant ces célébrations à la fois de papistes et de païennes. Cependant, l'esprit de Herne/Pan et de Sinterklaas vieux de 10 000 ans était beaucoup trop profondément enraciné et populaire. Il a survécu aux cultes celtique/germanique, à l'Inquisition et aux puritains.

Sur les îles Wadden hollandaises, les *Sunderums* (de *Sunder Klaas* et *Klaas-Oom* : Oncle Klaas) se déplacent encore – comme il y a des milliers d'années – dans leurs costumes païens primitifs constitués de bruyères, d'herbes des dunes, de coquillages et de plumes de poulet, essayant d'effrayer tout le monde. D'autres soufflent dans des *buffelhoorns* vieilles de plusieurs siècles et longues de dix pieds (trois mètres), à travers lesquelles ils parlent d'une voix terrorisante. Certains des hommes les plus jeunes et les plus agressifs, appelés *baanvegers*, ou « balayeurs de chemins » (brandissant le balai d'Herne/Pan) effraient les filles, mais dansent aussi avec elles (à des époques plus primitives, ils avaient la réputation de s'aventurer à l'extérieur pour voler du bétail et violer les filles d'autres villages). Les femmes et les enfants sont refoulés dans leurs maisons et « battus » s'ils désobéissent. Cela a probablement pour signification de les protéger des hordes de fantômes effrayants qui sont censés apparaître et menacer le monde au moment de la disparition du soleil, au solstice d'hiver.

Dans d'autres régions reculées d'Europe, les hommes s'habillent aussi en personnages démoniaques ou avec des masques effrayants (semblables à ceux des

---

1. *N.d.T.* Cette date fixe est devenue la fête mobile de l'Épiphanie, le premier dimanche après le 1er janvier.

danseurs de momerie anglais, réminiscences des vieux chefs de clan avec le masque et les fourrures de l'animal totem de leur clan). On allume d'immenses brasiers. On sonne des cloches, on souffle dans les cornes, on agite des crécelles pour ramener le soleil et repousser les puissances maléfiques des ténèbres, accusées d'essayer de dévorer le soleil. On continue d'exécuter certains de ces rituels lors des fêtes du réveillon de Nouvel An, où, jusqu'à une date récente, les costumes et masques étaient traditionnels. L'utilisation de trompes, de klaxon de voitures, et le bruit en général sont des *must* lorsqu'il s'agit de saluer le Nouvel An. La différence c'est qu'aujourd'hui les individus exécutent de tels rituels sans avoir la moindre idée de la raison pour laquelle ils font cela.

Si certaines de ces coutumes vous semblent étrangement primitives, vous avez absolument raison : elles le sont. Il y a 2 000 ans – soit il y a quarante générations –, les coutumes de nos ancêtres nord-européens étaient en vérité barbares et primitives. Ces ancêtres vivaient aux lisières, ou dans les clairières, de la plus grande forêt du monde : une jungle ancienne et sombre qui s'étendait des Highlands de l'Écosse traversant la Grande-Bretagne, recouvrant l'Europe, la Russie et la Sibérie, pour atteindre l'autre côté du monde, sur la côte sibérienne et l'océan Pacifique. On ne connaît personne qui ait traversé cette forêt tout entière.

C'était le vrai royaume de Herne le Chasseur : la grande forêt sans pitié, une forêt qui avait été là depuis aussi loin que l'homme pouvait se souvenir. C'était un lieu impressionnant d'immenses chênes vieux de 1 000 ans et de bovins sauvages gigantesques : le fameux aurochs, dont le dernier fut tué en Allemagne au XVIe siècle (ces taureaux sauvages étaient beaucoup plus larges et plus agressifs que les bovins modernes, et leurs cornes étaient plus grandes que celles des longues-cornes *(Longhorns)* texans, qui, comme les taureaux de combat espagnols, sont censés être leurs descendants). La forêt abritait aussi d'autres animaux terrifiants, comme le gigantesque ours des cavernes – plus grand que tous les ours vivant aujourd'hui – ou les ours classiques, les bisons, les énormes cerfs, et des meutes de grands loups agressifs. D'un autre côté, cette forêt était aussi un refuge pour les hommes et femmes libres, où ils pouvaient échapper à leurs oppresseurs étrangers conquérants et à la conversion.

Pour les gens de ma génération, la mémoire de cette grande forêt est encore très réelle. La plupart des histoires qui m'ont été racontées lorsque j'étais enfant reflétaient une peur profonde de l'ancienne forêt : *Le Petit Chaperon Rouge, Le Petit Poucet/Tom Pouce, Robin des Bois, Jack et le haricot, Hansel et Gretel, la Belle au bois dormant*, sans oublier *Blanche-Neige*, qui est sauvée de la mort dans la forêt par sept représentants du Petit Peuple de Herne/Pan. À en juger par la présente popularité du loup-garou, de Dracula et d'autres films d'horreur ayant la forêt pour cadre, même la jeunesse d'aujourd'hui semble encore sous le charme des anciennes peurs inconscientes jungiennes de la sombre forêt ancestrale hercynienne.

Le lecteur peut penser que tout ceci ne concerne que la Préhistoire et l'Antiquité sombre, mais dans certaines régions, la peur de la forêt était encore très réelle ne serait-ce qu'il y a deux générations de cela. Prenez l'histoire que mon grand-père maternel m'a racontée. Il fut élevé dans une ferme des Ardennes belges (un petit vestige de la Vieille Forêt). Et chaque jour, dans sa petite enfance, il devait parcourir une longue route à travers la forêt pour rentrer de l'école. En revenant à la maison un jour d'hiver où il neigeait, il fut surpris de voir galoper vers lui son père et plusieurs autres fermiers à cheval, leurs fusils prêts. Apparemment, une meute de loups avait été vue suivant sa trace à travers la forêt !

10

La Grande Chasse

Vers la fin du dernier âge glaciaire, de nombreux clans avaient l'habitude de se rencontrer une fois par an, voire davantage, quand les grands troupeaux migraient, afin de se rassembler pour la Grande Chasse. Cet ancêtre de nos fêtes de Noël et de saint Nicolas était un événement sacré, une chasse dans laquelle même les clans rivaux ou en guerre pouvaient joindre leurs forces pour piéger et chasser beaucoup d'animaux rapides de grande taille, comme des chevaux sauvages, les abattre et fumer leur viande pour l'hiver venant. Normalement, il était difficile pour les hommes d'un petit clan de chasseurs-cueilleurs de chasser et de tuer de semblables animaux rapides et sur leurs gardes ; ils n'avaient tout simplement pas assez d'individus dans le clan pour les poursuivre et les encercler [1].

Dans notre monde moderne avec ses cartes, ses horloges et ses calendriers, nous ne réalisons plus à quel point il était alors difficile de fixer une date et un lieu de rencontre pour des clans venant d'une centaine de miles de distance.

1. Le verbe anglais utilisé ici est *corral*, qui vient du latin *currere*, signifiant « courir » – autrement dit, « chasser à pied ».

C'était toujours la fonction des chamanes de fixer les lieux et dates des prochaines rencontres. Cela dépendait de l'expérience passée et des dernières informations sur les routes de migration des animaux.

Il faut aussi se souvenir qu'à l'époque, la plupart des individus n'étaient probablement capables que de nommer trois nombres : un, deux et trois. Les nombres romains nous rappellent cela : II et III sont évidemment deux et trois doigts, tandis que V est l'intégralité de la main (quatre doigts et un pouce, formant le « V » entre les doigts et le pouce). Par conséquent, quatre, c'est cinq (la main) moins un doigt : IV ; et six est VI (la main plus un doigt). Dix, c'est deux mains l'une au-dessus de l'autre (X) ; onze, ce sont les doigts des deux mains, plus un (XI), et ainsi de suite.

Des termes comme est, sud, ouest et nord étaient inconnus. À la place, on parlait probablement grossièrement de l'endroit « où le soleil se lève », « où le soleil est à son zénith », « où le soleil se couche » et « à l'opposé de l'endroit où le soleil est à son zénith ». Les mois se comptaient d'une pleine lune à une autre (ce qui, naturellement, ne correspond pas exactement au cycle solaire annuel), et les années étaient comptées comme autant d'« hivers ». L'année elle-même était divisée, comme elle l'est encore, par des phénomènes naturels : printemps (lorsque la nature reverdit), été (lorsque le soleil est au plus haut), automne (lorsque les feuilles tombent) et hiver (lorsque le soleil disparaît).

Au lieu de proposer un exposé aride de tels événements, je vais essayer de livrer un récit (imaginaire) raconté dans la tradition bardique par un vieux chamane. Il nous dira ce qu'il a expérimenté, alors qu'il était jeune garçon, lors de sa première Grande Chasse, quelque part sur une plaine en Europe. Le lendemain de ce massacre, du dépeçage et du fumage de la viande, il nous racontera sa participation au grand festin sauvage et aux danses et rituels où, pour la première fois, il rencontra un grand nombre d'étrangers qui n'étaient pas directement de ses parents ni même de son propre clan.

La Grande Chasse

Mon nom est Bjorn. J'ai été le chamane de ce clan depuis de nombreux hivers. L'animal totem de notre clan est l'ours. Je suis vieux, ayant vu autant d'hivers que quatre fois les doigts de mes mains... ou tout au moins est-ce ce qu'on raconte. Bientôt je vais mourir comme la plupart des autres hommes et femmes de mon âge, quand ce ne sera plus la saison des fruits et des baies grâce auxquels je vis : mes dents sont tombées et je ne peux plus manger de viande ni de racines.

Orphelin, originellement né dans le Clan du Renard, je reçus le nom de Bjorn (ours) après avoir survécu à l'attaque d'un ours des cavernes. Je n'ai dû mon salut qu'au souvenir de ce que ma tante m'avait dit un jour : « Si, alors que tu es en quête de baies, tu t'introduis sans autorisation sur le territoire d'un ours et que celui-ci s'empare de toi, ne crie pas, ne hurle pas, ne lutte pas pour te libérer ; parle simplement calmement à son oreille et excuse-toi pour l'immixtion. Dis-lui que tu es désolé et que tu ne prendras plus ses baies, et que les baies ont meilleur goût que toi, alors qu'il te laisse aller s'il veut bien. »

C'est ce que je fis et l'ours en fit autant ; il me laissa partir, mais seulement après avoir déchiqueté un bon morceau de chair de mon dos.

Je ne dus donc ma survie qu'à la sagesse de ma tante, qui était à la fois une sorcière [1] et notre chamane, et elle savait comment guérir une blessure infectée avec des toiles d'araignées et des champignons réduits en poudre. En fait, mon nom complet était : « Celui que l'ours laissa partir » et je suis resté fidèle à la promesse que j'avais faite à cet ours ; je n'ai jamais plus depuis lors mangé la moindre de ses baies, au moins lorsqu'il était aux alentours.

Mais je m'éloigne de mon sujet. J'allais vous parler de ma toute première Grande Chasse.

Je venais de subir mes rites de majorité au cours d'un rituel pénible et épuisant. Comme je vous l'ai dit, notre chamane était la sœur aînée de ma mère. C'était une vieille femme laide, mais gentille et très sage, qui me forma pour devenir son assistant. Elle connaissait chaque herbe et baie de la forêt et m'en-

---

1. Avant l'arrivée des autres religions, « sorcière » était un titre honorable, désignant une personne sage qui pouvait prédire des événements (comme les solstices) ou réaliser des choses « miraculeusement » (comme allumer un feu). Les termes « chamane » et « sorcier » sont souvent utilisés de manière interchangeable. Le chamane/sorcier le plus important était connu sous le nom de « *Duyvel* ».

seigna lesquelles pouvaient guérir une fièvre et comment faire un feu (mais, s'agissant de secret magique, je ne vous en parlerai pas).

Ce jour-là, elle m'emmena sur une colline arasée sur laquelle se dressait un arbre mort de haute taille dont toutes les branches avaient été enlevées. Cet endroit était tabou et personne en dehors de notre chamane et de son assistant ne pouvait l'approcher sans danger. À proximité se trouvaient plusieurs pierres blanches. Elle pointa son bâton vers l'une des pierres et me dit que lorsque l'ombre de l'arbre toucherait cette pierre, le clan voyagerait pendant quatre journées dans la direction d'une montagne distante que je pouvais à peine distinguer. Là, sur une plaine au pied de cette montagne, plusieurs autres clans, également guidés par leurs chamanes, arriveraient à peu près le même jour.

C'était la première fois depuis de nombreux hivers que notre clan devait de nouveau participer à une Grande Chasse, parce qu'il y avait eu un désaccord entre l'Ancien de notre tribu et celui d'un autre clan, à cause d'une femme qu'il avait enlevée après une précédente Grande Chasse. J'étais très excité parce que, même si notre clan était grand – autant que les doigts des mains de deux hommes et un de plus – il y aurait là un nombre de clans égal à une main plus deux doigts. Soit plus de personnes que quiconque pouvait compter !

Je n'avais vu qu'une seule fois auparavant un homme d'un autre clan, le clan de la Loutre. Le garçon avait perdu son chemin ; il avait erré loin, puis il était tombé et s'était brisé la jambe. Il m'avait expliqué cela, mais sa langue était assez différente de la nôtre et j'avais eu du mal à le comprendre. Il mourut peu après et je le recouvris de pierres, comme j'avais vu notre peuple le faire – ainsi les loups ne dérangeraient pas son esprit avant qu'il pût trouver un arbre pour y vivre. Je conservai une curieuse cordelette qu'il avait portée avec plusieurs gros grains translucides. Vous voyez, je la porte encore.

Notre voyage vers le lieu de rassemblement fut sans histoires. Bien qu'il fît chaud au soleil, on pouvait déjà à l'ombre sentir le froid de l'hiver arrivant. Les sommets des chaînes de montagne distantes montraient une mince couche de neige et il ne restait que quelques feuilles sur les arbres. L'herbe haute était jaune et sèche. Des milliers d'oiseaux migrateurs passaient au-dessus de nous, tous se dirigeant vers le soleil. Bien que nous n'eussions pas encore vu de troupeaux migrants, il y avait une abondance d'autres gibiers, mais fort de mon expérience passée, je passai à bonne distance d'un couple de grands ours qui étaient occupés à attraper du poisson dans un torrent rapide. Alors que nous approchions du site de rassemblement, je sentis l'odeur des nombreux feux de camp bien avant que je pusse voir leur fumée monter dans l'air calme et frais.

Nous fûmes accueillis par le chamane du clan de la Loutre, qui salua ma tante (notre chamane) avec cérémonie, jusqu'à ce qu'il me repérât et commençât à baragouiner avec fièvre et si rapidement dans son étrange dialecte que je ne pus plus le comprendre. Il apparut que les grains que je portais étaient un attribut particulier du clan de la Loutre. Ce n'est qu'après que ma tante lui eut raconté l'histoire du garçon de leur clan qui s'était perdu et était mort qu'il se calma et, en me donnant une petite tape sur l'épaule, il m'autorisa même à garder les grains, qui étaient dans une matière, me dit-il, appelée ambre.

Nous apprîmes de lui que les chevaux migrants n'étaient pas encore apparus, mais qu'on les attendait le lendemain. Des éclaireurs du clan du Cheval observaient leur progression depuis les sommets des collines et enverraient un signal de fumée pour nous avertir de leur approche. Quand le soleil serait à son zénith, il devait y avoir une assemblée des clans pour discuter de la stratégie de chasse et pour exécuter le rituel de la danse de la chasse au cheval. En attendant ce moment, j'eus du temps pour me promener.

Nous nous trouvions sur une plaine, en fait un plateau qui descendait doucement dans la direction du soleil levant. Tant sur le flanc du côté du soleil couchant que sur celui du soleil de midi, une falaise à pic plongeait, plus profonde que la hauteur de plusieurs hommes. À l'opposé, sur l'autre flanc du plateau, les pentes raides de la montagne étaient coupées par une passe à travers laquelle nous nous attendions à voir apparaître les chevaux migrants le lendemain. Les sites de campement se trouvaient à une bonne distance en arrière sur la pente descendante, afin de ne pas alerter trop tôt les chevaux de notre présence.

Je redescendis vers l'emplacement du camp où les abris de notre clan avaient déjà été dressés. L'emblème de notre clan, le masque de renard, pendait à un poteau. À quelque distance, je pouvais voir les masques des différents autres clans pendant sur les abris des chamanes : le clan du Loup, le Blaireau, le Cheval, le Serpent, le Cerf, et, à proximité, près du ruisseau, le clan de la

Loutre. Les nôtres étaient occupés à rassembler du bois pour le feu et à dresser des supports à fumage dans une grotte peu profonde au flanc de la montagne. Là nous avions l'intention de dépecer, de fumer, et de sécher la viande de cheval que nous espérions obtenir demain.

Je m'assis près du ruisseau et mangeai des racines et des noisettes que j'avais ramassées plus tôt ce même jour. Je regardai fasciné des filles du clan de la Loutre enfoncées jusqu'à la taille dans le cours d'eau. Elles lavaient leurs vêtements. Puis elles allèrent les pendre aux branches pour les sécher au soleil. À cet instant, les filles ne portaient absolument rien sur elles, à l'exception des colliers de grains d'ambre de leur clan. Comme ma tante, les jeunes femmes de mon clan étaient plutôt trapues, lourdes, avec des hanches et des fesses très larges, de grosses poitrines retombant, et des cheveux sombres. En revanche, ces filles du clan de la Loutre étaient grandes et élancées, avec de petites poitrines fermes et des cheveux tirant sur le rougeâtre. Deux de ces filles, particulièrement, me fascinaient. Elles avaient l'air identique, à tel point que je ne pouvais les distinguer. Je n'avais jamais vu de jumelles.

L'une d'elles m'observa, puis elle vint vers moi et me demanda pourquoi je portais les grains de la Loutre. Je dus répéter l'histoire du garçon de leur clan qui s'était perdu avant de mourir et qui m'avait donné son collier. Elle dit que c'était leur cousin et qu'il avait disparu. Puis elle me dit s'appeler Ute et que sa sœur était Dag. Je voulais en apprendre davantage sur elles, mais au même moment les clans furent appelés pour l'organisation de la chasse. Je devais rejoindre notre chamane.

Tous les clans étaient rassemblés en un grand cercle. Au milieu, les chamanes assis formaient un cercle plus petit. Le chamane du clan du Cheval commença à prononcer – ou plutôt chanter – les paroles d'un rituel, ressemblant à une danse : lui et deux autres chamanes jouaient le rôle des chevaux, tandis que plusieurs chasseurs dansaient en simulant la chasse. Les éclaireurs avaient vu les premiers chevaux dans la passe de la montagne et on attendait le troupeau à l'aube le lendemain matin. Tous les feux de camp devaient être éteints, pour que l'odeur du feu ne les dissuade pas de surgir sur la plaine.

Dès que les chevaux apparaîtraient sur le plateau, les éclaireurs du clan du Cheval devraient se déplacer derrière eux et bloquer la passe en mettant le feu à l'herbe sèche. Pendant ce temps, les clans rassemblés formeraient une ligne en travers de la pente du plateau et, avec le vent dominant dans leur dos, ils mettraient également le feu à l'herbe. Ainsi les chevaux seraient coincés entre les montagnes, le feu et la falaise. Les chasseurs les plus habiles de chaque clan se déplaceraient alors pour tuer avec leurs lances, tandis que les plus vieux se tiendraient près du bas de la falaise pour abattre tous les animaux qui tomberaient ou sauteraient en bas en essayant d'échapper aux chasseurs et aux flammes. Les femmes et les enfants formeraient une ligne sur la pente et alimenteraient les feux, tandis que les garçons plus âgés – comme moi-même – devraient essayer de planter leurs lances dans tous les chevaux qui tenteraient de passer au travers de la ligne de feu ou au moins de les repousser vers les chasseurs. Cependant, il fallait laisser s'échapper les juments enceintes ou accompagnées de poulains, car celles-ci contribueraient à créer les troupeaux des futures Grandes Chasses.

Toutes ces instructions avaient été accompagnées par un battement de tambours et des réponses chantées par l'assistance. La session s'acheva par une sorte d'incantation rituélique, un son vibré, et par une danse. Nous avons finalement invoqué les esprits des chevaux, en leur demandant de bien vouloir nous excuser pour ce que nous allions faire et en les remerciant de nous aider à nous nourrir pendant les mois d'hiver. Le cheval était un animal sacré et, pendant tout le reste de l'année, le tuer était recouvert d'un tabou.

Dès que la foule se fut dispersée, je me hâtai vers notre campement pour me tailler plusieurs lances légères avec mon vieux couteau en silex. Ne disposant pas de pointes de lances en silex, il me fallait durcir les pointes sur une flamme et je me rendis pour cela dans le clan du Cerf, où un très petit feu était entretenu pour les torches qui serviraient à allumer les feux d'herbe du lendemain. Je repérai un grand garçon du clan du Cerf gravant un curieux morceau de bois. Il appelait celui-ci un *atlatl* : un propulseur de lance [1]. Le nom de ce garçon était Hoge. Son clan avait appris à faire cet outil simple qui permettait au chasseur de propulser sa lance avec une force et une précision beaucoup plus

1. *N.d.T.* On en a notamment trouvé à Bruniquel (France), en corne (de 32,5 cm) et décoré d'un cheval bondissant. Ce propulseur découvert daterait de 14 000 AEC.

importantes. Il me montra comment on l'utilisait et je décidai de m'en faire un le plus vite possible.

Je rejoignis certaines de nos femmes qui cherchaient de la nourriture, mais à l'exception de quelques baies séchées, nous ne trouvâmes rien. Le terrain avait déjà été minutieusement examiné par ceux qui étaient arrivés ici avant nous. J'allai me rassasier avec l'eau du ruisseau. Puis je me mis à fantasmer sur la viande fraîchement rôtie que je pourrais engloutir après la chasse du lendemain.

La nuit fut claire. C'était une nuit de pleine lune. En l'absence de feux de camp et très affamé, le froid mordant pénétrait mes os, malgré deux vieilles peaux de loup dans lesquelles je m'étais enroulé. Je rêvai d'une horde spectrale galopant dans le ciel, emmenée par un étalon blanc comme neige. Soudain, celui-ci se transforma en Ute, la fille du clan de la Loutre, courant nue dans le torrent, riant, avec ses cheveux rouges, libres, flottant dans le vent.

Nous fûmes réveillés par le guetteur qui avait vu le signal de fumée des éclaireurs : les chevaux étaient dans la passe ! En nous déplaçant silencieusement, nous nous emparâmes de nos armes. Les femmes avaient préparé leurs torches et se tenaient prêtes à les allumer dans le feu du clan du Cerf. J'attrapai mes lances et calmement grimpai vers l'endroit où le pied de la montagne rencontrait la plaine en pente. Cet emplacement ne m'offrait pas seulement une bonne cachette d'où je pourrai voir les chevaux émerger de la passe, mais j'avais noté qu'à cet endroit le sol était rocheux, l'herbe y était rare, et donc le feu ne brûlerait pas bien là. Le troupeau pourrait donc essayer de s'échapper par là.

Pas un homme de notre peuple ne pouvait être vu, et hormis un couple de corbeaux bruyants, le silence était total.

Soudain, je le vis : un éclaireur solitaire, un étalon gris pommelé, se tenant là silencieusement, écoutant, humant l'air et piaffant en martelant le sol. Il semblait plus grand et plus délicatement charpenté que tous les chevaux que j'avais vus jusque-là. Après un moment, il galopa autour du plateau vers le bord de la falaise, puis vers la pente. Il s'immobilisa là, comme un fantôme grisâtre dans la brume légère du matin, humant encore l'air et tendant ses oreilles. Après quelque hésitation, il se tourna et galopa, pour redisparaître dans la passe.

Le soleil s'était levé et commençait à réchauffer l'air. Un vent léger soufflait de la vallée. Pourquoi l'attente était-elle si longue ? L'étalon avait-il perçu notre présence et avait-il alerté la horde de notre présence ? J'entendis un roulement et l'étalon réapparut au galop, suivi par un groupe de juments – certaines avec des poulains –, puis par le reste du troupeau. C'était un spectacle magnifique, que la vue de ces splendides animaux jouissant de la chaude lumière du soleil et galopant autour du champ. Ils se tournèrent vers la pente à ma gauche. Comme surgie de nulle part, une ligne de chasseurs apparut de derrière les hautes herbes, criant, hurlant, en avançant. L'étalon s'immobilisa, hennit puissamment, et, partit au triple galop dans la direction opposée, suivi par la horde. Apparemment, ils voulaient se replier vers la passe, mais ils rencontrèrent là les chasseurs et leurs torches allumées, mettant le feu à l'herbe à l'entrée du canyon.

L'air était rempli par les cris des clans, les hennissements des chevaux terrifiés et les craquements du feu. Par le passé, j'étais allé à des chasses avec mes oncles, et là, on m'avait toujours enseigné d'avancer silencieusement, en n'utilisant que des signaux de main.

Je n'avais jamais entendu autant de voix, autant de bruits, que maintenant. Le vent s'était quelque peu renforcé, attisant les flammes, les repoussant vers le haut de la colline, poussant les chevaux affolés vers un espace de plus en plus réduit. À travers la fumée, je pus en voir plusieurs sauter par-dessus le bord de la falaise. Certains de nos chasseurs s'élançaient entre les flammes, se rapprochant des chevaux et les tuant avec leurs lances.

C'est alors que cela arriva. Je vis l'étalon-fantôme essayer de rassembler ses juments, avec de grands hennissements, se cabrant et piétinant un chasseur qui avait essayé de lui barrer le passage. Suivi par le reste du troupeau, il chargea les chasseurs qui se dispersèrent devant lui, puis il galopa de plus en plus vite à travers les flammes, en direction de l'espace dégagé devant moi. Plusieurs chevaux hésitèrent devant les flammes et furent tués, mais nombre des juments et leurs poulains suivirent l'étalon à travers la mince ligne de feu pour gagner la sécurité du terrain découvert devant moi. Je restai paralysé lorsqu'il passa à moins de trois pieds de moi et tourna la tête vers moi avec ses grands yeux noirs et ses naseaux évasés. Puis il disparut dans un nuage de poussière, de fumée et de cendres, suivi par le reste de sa horde descendant la pente dans un roulement de tonnerre, obligeant nos femmes à courir en arrière comme autant de lapins. Une dernière jument claudiqua vers moi, légèrement brûlée et aveuglée par les flammes, blessée par une lance brisée dépassant de son ventre. En visant prudemment, je plongeai ma lance dans son cœur, la tuant sur le coup et espérant que quelqu'un ferait la même chose pour moi si jamais je devais finir comme ça.

La Grande Chasse était terminée. De nombreux chevaux avaient été tués ; autant que les doigts de quatre hommes. J'étais maintenant un chasseur ; j'avais tué mon premier animal – même si je n'avais pas de quoi être trop fier. Alors suivit l'activité sanglante de dépeçage de tous ces animaux. On mettait les peaux de côté et on coupait une bonne partie de la viande en fines bandes pour la sécher et la fumer. Chaque homme, femme et enfant devaient participer à ce travail éreintant. Les clans étaient maintenant assurés d'une ample provision de nourriture tant pour l'hiver, que pour la Grande Fête de ce soir-là.

Les os [1] des chevaux abattus furent rassemblés et entassés en deux grandes piles, auxquelles nous ajoutâmes des branches sèches et des bûches. Le plus petit tas se trouvait au pied d'un pin solitaire. Le plus grand avait été dressé à courte distance de là. Ce soir commencerait la Grande Fête, la fête de remerciements et de célébration du don du feu, de la lumière et de la vie, un festin sur des montagnes de viande rôtie, suivi par un feu rituel, des danses de fécondité, et d'autres initiations.

* * *

Il est difficile pour l'homme moderne de réaliser le degré d'isolement dans lequel vivaient les premiers hommes. Hors de leur petit clan de quelque vingt ou vingt-cinq membres intimement liés, ils voyaient rarement d'autres êtres humains et, lorsque c'était le cas, les dialectes des clans pouvaient varier à un tel point qu'il pouvait leur être difficile de se comprendre réciproquement. Les clans étaient généralement dirigés par un vieil homme dictatorial avec une totale

1. Le feu sacrificiel obtenu en brûlant de tels os est encore rappelé dans nos bûchers (en anglais, *bonfires*, c'est-à-dire *bone-fires* [feux d'os]) de Noël et Nouvel An.

priorité sexuelle, un droit du premier choix ou d'exclusivité sur toutes les femmes du clan. Cela peut sembler étrange au lecteur, mais souvenez-vous qu'il s'agissait encore du droit légal de l'aristocratie européenne jusqu'à son abolition en 1789 avec la Révolution française. Et cette prérogative continua d'exister de manière informelle avec les esclaves et les domestiques jusqu'au XXe siècle.

La nourriture pouvait être soit abondante, soit très rare, et, en dehors de la viande, la plupart des aliments et breuvages communs aujourd'hui (pommes, poires, pêches, oranges, tomates, lait, blé, pain, fromage, sucre, et de nombreux autres) étaient inconnus. En dehors de viande de petits animaux et de charogne occasionnelle, l'homme mangeait des racines comme les carottes, des légumes verts (comme le céleri sauvage ou les pissenlits), des baies, des noix et le miel rare, doux et délicieux. Pendant l'hiver et les sécheresses, il était souvent affamé et passait le plus clair de son temps à tenter de trouver de la nourriture.

Ainsi, pour les petits clans de chasseurs-cueilleurs, la Grande Chasse était une occasion unique d'obtenir le supplément de protéines dont ils avaient sérieusement besoin pour l'hiver et c'était également une opportunité unique de rencontrer d'autres hommes lors de la Grande Fête qui suivait.

11

La Grande Fête

La fête que je vais décrire ici est une forme préhistorique de différentes fêtes anciennes, comme les Cronias grecques, les Saturnales romaines, les Calendes, et d'autres célébrations du Nouvel An, et aussi différentes fêtes de printemps, de labours, de semailles, de chasse ou de moissons, y compris les célébrations du mât de Mai, de Noël, de saint Nicolas, et, enfin, le carnaval (un événement annuel de permissivité charnelle débridée [1]).

Sur une période de 10 000 ans, les éléments de base de cette fête – parfois très légèrement modifiés – perdurèrent sous une forme presque inchangée, même si les dates comme les raisons et motifs de la célébration changeaient eux beaucoup. Mais laissons Bjorn, le chamane, poursuivre son récit.

* * *

1. *Charnel* : du latin *caro, carnis*, « chair », désignant les plaisirs de la chair, incluant les plaisirs sexuels.

Quand tout le dépeçage fut achevé, nous nous sommes dirigés vers l'arbre choisi et nous avons suspendu à ses branches les entrailles et différents morceaux de viande sélectionnés. Et nous avons ajouté de la graisse et du petit bois sec au tas d'os à sa base [1]. Ensuite nous nous rendîmes au cours d'eau pour nettoyer le sang collant à nos corps, après quoi je nettoyai mes vêtements et les suspendis à un arbre pour les sécher. Je m'allongeai au chaud soleil, épuisé par la faim et le dur labeur. Au bout d'un moment, sentant une ombre sur mon corps, je m'éveillai. Ute et Dag, les filles de la Loutre, se tenaient au-dessus de moi. Leurs vêtements séchaient près du mien, mais leurs corps merveilleux étaient encore maculés du sang des chevaux.

– Ma sœur Ute veut que tu exécutes la danse du feu avec nous ce soir, dit Dag, sur quoi elles se mirent à courir en riant malicieusement, et plongèrent dans le ruisseau.

Je les regardai se nettoyer, mais j'étais si fatigué que je me rendormis bientôt.

La délicieuse odeur de viande en train de rôtir me réveilla. Affamé et gelé comme je l'étais, je me dressai et aperçus le rougeoiement de nombreux feux. De nombreux individus des différents clans s'agitaient autour, faisant rôtir la viande, riant et mangeant, tous mélangés comme s'ils ne formaient qu'un seul clan immense. Mes vêtements étaient encore humides, mais je les enfilai quand même, et récupérant couteau et lances, je me dirigeai vers la carcasse de la jeune jument que j'avais tuée le matin même. L'essentiel des meilleurs morceaux de viande avait été enlevé pour être séché et fumé, mais il en restait encore une bonne quantité. Je coupai un énorme morceau de côte et de viande, les plantant au bout de mes lances. Apercevant Hoge, je vins m'asseoir près de lui devant un feu et plaçai mon morceau de côte sur les braises rougeoyantes. La chaleur fit sortir la vapeur de mes habits mouillés. J'enlevai le haut et laissai la chaleur se répandre à travers mon corps. J'étais si affamé que je pus difficilement attendre que la viande soit prête avant de mordre dedans. Jamais je n'avais mangé une nourriture aussi bonne. Pour la première fois de ma vie, je mangeai suffisamment pour être vraiment rassasié.

1. Cette coutume perdura jusqu'à une date avancée du XVIIe siècle dans les zones rurales de plusieurs États baltes et chez les natifs de l'Est sibérien.

Hoge était plus vieux que moi d'un hiver et avait déjà assisté à une Grande Fête. Il m'expliqua que, quand le festin serait achevé, son chamane aurait l'honneur de diriger les rituels, parce que le clan du Cerf était le plus vieux clan de tous et que, par conséquent, leur chamane était le *Duyvel*, le Cornu, le grand chamane en charge du rituel du feu et des danses de fécondité. La Fête était le seul moment de l'année où les Anciens des clans n'avaient aucun pouvoir sur les femmes et les jeunes hommes. En fait, les jeunes étaient même encouragés à s'unir à ceux des autres clans de telle manière que leurs familles mêlent leurs lignées sanguines et obtiennent des enfants forts. Cependant, ils ne pouvaient pas rester ensemble après la Fête. Les Anciens récupéraient alors leurs pleins pouvoirs sur leur clan et quiconque brisait ce tabou pouvait provoquer un conflit entre les clans, comme cela était arrivé dans le passé avec notre clan du Renard.

Hoge venait juste d'achever de me raconter tout cela quand je sentis une main douce se poser sur mon dos.

– Quelle est cette cicatrice sur ton dos ?

Ute et Dag venaient de nous rejoindre. Je leur parlai fièrement de ma rencontre passée avec l'ours des cavernes, mais j'ajoutai que j'étais l'apprenti de notre chamane, ce qui naturellement les impressionna. Près de nous, plusieurs chasseurs parmi les plus vieux se racontaient à tour de rôle des récits des précédentes Grandes Chasses et de rencontres effrayantes avec des aurochs, des lions et des ours. Je me sentis assez important quand je notai qu'eux aussi écoutaient ! Les filles portaient un petit panier de groseilles séchées et de noisettes que nous partageâmes entre nous quatre, avec le restant de la viande.

Nous entendîmes le gémissement mélancolique d'une corne de vache, suivi par une cacophonie de sons, avec force roulements de tambour et cliquetis. Ces bruits étaient censés repousser certains mauvais esprits des morts. Brandissant une torche enflammée, un chamane se mit à courir et vint allumer le feu au pied de l'arbre. Après un début lent, les flammes se mirent bientôt à remonter le long de l'arbre, créant une colonne de feu, rapidement alimentée par la graisse des offrandes dégouttant sur les branches. Les autres chamanes, portant les masques d'animaux de leurs clans respectifs, exécutèrent une danse sauvage autour de l'arbre. Puis chacun alluma une torche sur ce feu, et avec beaucoup de cris, de hurlements et de battements de tambour, ils se mirent à courir ici et là pour allumer le feu des grands os et d'autres brasiers plus petits. Bientôt, avec des étincelles volant en tous sens, ces feux illuminèrent le flanc de la montagne et je pus voir leur lumière se refléter, comme de petites étoiles, dans les yeux des loups, des chacals et d'autres prédateurs plus petits qui, sous les arbres, à une distance de sécurité, festoyaient avec les restes des carcasses de notre Grande Chasse. Tout cela formait une vision impressionnante.

Les chamanes, certains portant des vêtements de femmes, jetèrent de grosses bottes de chanvre sur un des feux plus petits, puis se retirèrent dans une danse lente et traînant les pieds. Je reconnus le chamane du Cerf – le *Duyvel* – se tenant seul, arborant son grand masque cornu, une corne de vache pendue autour de son cou et une torche allumée dans sa main. Alors qu'il se rapprochait de la lumière du feu, nous pûmes noter qu'il exhibait une énorme érection (plus tard ma tante m'expliqua que ce résultat était obtenu en frottant son pénis avec des orties, ce qui, comme je le découvris plus tard, est très efficace, mais peu agréable).

Soudain les autres chamanes réapparurent derrière nous, entraînant une file de chasseurs dansant, portant des masques singuliers et des manteaux d'herbes, d'algues et de haillons. Ils brandissaient des bâtons avec des extrémités en forme de balai. Avec ces derniers, ils menaçaient les filles et les jeunes gens, nous ordonnant de danser tandis qu'ils faisaient des gestes obscènes et nous « balayaient » vers le feu de chanvre. Nous savions que tout cela était une mise en scène et faisait partie du rituel, mais à la lumière inquiétante des flammes, ils avaient l'air d'autant de fantômes. Je sentis Ute se cramponner à moi de peur alors qu'ils lui arrachaient ses vêtements et la saisissaient de manière obscène.

Puis j'entendis la voix de ma tante, la chamane, murmurant à mon oreille de derrière son masque de loup :

– Prends-la. Cours et saute au-dessus des feux de chanvre.

Je fis comme elle me disait, entraînant Ute, tout en essayant de la protéger des coups et gifles des chasseurs. Hoge et Dag suivirent notre exemple. En atteignant le feu, nous respirâmes profondément les vapeurs, et dans un bond puissant, nous sautâmes au-dessus des flammes, suivis par Hoge et Dag. Nous atterrîmes tous sans mal, apparemment rituellement sauvés d'autres tourments. Plusieurs autres jeunes suivirent notre exemple, mais à travers les flammes nous pouvions voir d'autres filles et femmes hurlant qui avaient été attrapées par les « balayeurs » et étaient « violées » par les chasseurs.

Nous nous asseyâmes un moment pour reprendre notre respiration, mais les vapeurs du chanvre finirent par devenir irrespirables. Aussi, malgré des vertiges, nous nous éloignâmes à une plus grande distance du feu. Là, Hoge et moi fîmes l'amour aux jumelles, avant de nous endormir d'épuisement.

Le rugissement lointain d'un lion me réveilla. Le soleil se levait juste au-dessus du plateau. Ute était couchée à côté de moi avec son bras sur ma poitrine. Hoge et Dag étaient aussi allongés à côté. À quelque distance, là où nous avions dépecé les chevaux, une lionne défendait une carcasse contre deux hyènes et plusieurs vautours. Le bruit et la folie de la nuit étaient partis. Il ne restait que le léger bourdonnement des insectes et les gazouillis des oiseaux : la paix et le silence étaient retombés sur la terre. Derrière moi, là où les feux d'os de la nuit avaient ronflé, de fines volutes de fumée s'élevaient haut dans le ciel. Ici et là, des groupes d'individus étaient encore couchés enveloppés dans des peaux de loups. Derrière eux, le squelette noirci de l'Arbre se dressait vers le ciel. La Grande Chasse et la Grande Fête étaient terminées. Les Anciens retrouvaient leur pouvoir jusqu'à la prochaine Fête.

Quelques jours plus tard, Hoge, Ute, Dag et moi, nous dûmes repartir avec nos clans respectifs, mais nous promîmes de nous retrouver à la prochaine Grande Fête pour exécuter un plan secret que nous avions en tête. En attendant, nous devions chacun amasser de la nourriture et des outils et des armes en silex. Ainsi, lors de la prochaine Grande Fête, nous pourrions nous enfuir et former notre propre clan. Un hiver plus tard, c'est ce que nous fîmes, et c'est ainsi que le clan de l'Ours fut constitué par nous quatre, plus les deux enfants auxquels Ute et Dag avaient entre-temps donné naissance, et encore deux jeunes femmes insatisfaites de leur sort, et un garçon dont le père avait été tué par des loups. Ute nomma notre fils « Petit Ours ». Il devint un célèbre chasseur, mais il fut plus tard tué par un guerrier du grand peuple aux chevaux blancs et aux épées de métal.

Maintenant notre clan de l'Ours compte autant de membres que les doigts de trois hommes. Je suis son chamane et Hoge est l'Ancien. Après trois hivers, nous avons rejoint un campement avec les autres clans. Notre jeune clan de l'Ours fut accepté et autorisé à se joindre aux Grandes Chasses et Grandes Fêtes.

* * *

Les éléments de base mentionnés dans cette histoire font encore partie aujourd'hui des célébrations, non seulement chez les Lapons, les Américains natifs et les Inuits (Esquimaux), ou dans des villages et des îles reculés d'Europe, mais aussi dans la société occidentale moderne : les rencontres des clans familiaux, les repas festifs (manger et boire à en éclater), les cadeaux partagés entre amis et étrangers, les rituels, jeux et danses, les fanfaronnades et les histoires racontées, et encore l'importance du feu, de la lumière, et l'arbre « enflammé » ou illuminé avec ses précieuses offrandes, la permissivité sexuelle tolérée à certains moments (comme pendant le Carnaval et les réveillons de Noël et de Nouvel An), l'émission de grands bruits pour effrayer les « esprits malfaisants », le balai/baguette, les balayeurs, les masques et les danseurs de momerie, les immenses brasiers (avec leur nom même en anglais – *bonfires* – qui nous rappellent leur origine sacrificielle), etc.

Tous ces éléments ont des racines incroyablement anciennes. Nous avons tous récupéré ces rituels, coutumes et tabous vieux de nombreux millénaires et transmis de génération en génération. Il serait triste que ces anciennes racines culturelles finissent par être complètement oubliées, éradiquées de notre culture, comme elles semblaient menacées de l'être en cette fin de siècle.

12

Conclusion

J'ai écrit ce livre pour nous rappeler l'importance de nos racines, de nos coutumes, de nos traditions et de nos mythes, et pour nous maintenir en contact avec notre héritage. Nous ne devrions pas exécuter machinalement ces rituels annuels sans savoir ce qu'ils représentent vraiment.

Ce parti pris n'est pas sans un certain danger. En effet, un lecteur peu attentif, pourrait croire que j'encourage ici la renaissance d'un chamanisme sacerdotal, des religions primitives, de la sorcellerie, etc., dans leur intégralité, autrement dit avec leurs orgies sexuelles, leurs viols rituels, leurs clochettes, livres, bougies, balais, et sacrifices de chats ! Rien n'est plus éloigné de mon esprit. Nous avons, au contraire, besoin de regarder tout cela intelligemment et de débusquer les mésusages du rituel, de la magie et de la vénération cultuelle.

Nous vivons dans un monde moderne et avons acquis au long des millénaires une grande connaissance scientifique. Nous avons notamment appris à séparer la Science des pseudo-sciences et nous n'avons plus besoin d'utiliser les termes déroutants de « magie » ou de « miracles » pour désigner des événements que nous ne comprenons pas ou que nous ne pouvons pas encore expliquer scientifiquement. Nous essayons simplement de découvrir comment ces phénomènes fonctionnent, en utilisant les expériences et observations empiriques. Nous n'avons plus besoin de chants et danses rituelles pour enseigner la chasse ou l'éducation sexuelle, ou pour guérir des maux. Nous utilisons de « magiques » ordinateurs, livres et vidéo-cassettes, et des professeurs, des docteurs, etc., bien formés, qui, avec les moyens modernes, peuvent instantanément avoir accès sous leurs doigts à la connaissance universelle accumulée pendant des siècles.

Néanmoins, en dépit de tout leur vieux jargon hermétique, le chamane et les rituels de l'Arbre en feu sont encore importants pour nous, parce que l'homme primitif était encore très intime avec la Nature, ce qui lui donnait une meilleure perception de son lien avec Gaïa/Gé [la Terre]. Aujourd'hui, seuls les astronomes font attention aux étoiles. Jadis, chaque homme, chaque femme dormaient sous les étoiles, pensaient à elles, rêvaient d'elles. Ils sentaient que l'univers était vivant comme eux l'étaient. Quand ils mangeaient de la viande, ce n'était pas un produit dans un conditionnement en plastique, mais elle avait été découpée sur le corps d'un animal qu'ils avaient dû tuer pour nourrir leurs enfants. Ils vivaient en symbiose avec la terre, les plantes, les arbres et toutes les formes de vie autour d'eux. Ils étaient conscients de cette relation et, par conséquent, ils respectaient les animaux et la Nature. La Mort était une partie de la réalité de la Vie.

Les rythmes de la nature étaient les rythmes de l'homme. Il se levait avec le soleil et allait se coucher avec les étoiles. Les femmes étaient conscientes de la relation entre leurs cycles menstruels et le cycle lunaire, comme leurs maris pêcheurs étaient conscients du lien entre les cycles des marées et la lune.

L'homme moderne a perdu une bonne partie de ce lien personnel avec la Nature et Gaïa. S'il ne le retrouve pas, il se détruira lui-même et détruira la Nature autour de lui. Il fera un mauvais usage du Don du Feu et de la Connaissance.

Le rituel, la magie, le culte/vénération et la célébration sont des termes et des événements qui doivent être bien compris pour empêcher les erreurs et les mésusages. Je les ai déjà évoqués plus tôt, mais je crois qu'un regard plus précis est nécessaire ici.

Rituel : Un outil d'enseignement utilisé par de nombreux animaux supérieurs et même par les abeilles. Il peut être utilisé d'une manière positive. Mais souvent, d'une manière négative, il sert à tromper les participants pour les placer dans une position de subordination vis-à-vis du pouvoir, de l'autorité et du culte, et pour leur faire accepter la magie sans recherche personnelle correcte. Adolf Hitler et ses nazis en abusèrent pour conquérir le pouvoir sur les esprits. Le tristement célèbre Charles Manson l'utilisa pour pouvoir contrôler les fêtes criminelles de sa meurtrière « famille », tandis que de nombreux « mollahs », prédicateurs/guérisseurs, métaphysiciens et télévangélistes l'ont scandaleusement détourné afin de servir des fins de pouvoir personnel et de gains politiques, financiers et/ou sexuels.

Magie : « L'utilisation de pouvoirs surnaturels pour annuler les lois de la Nature. » Même cette définition du dictionnaire Webster n'a pas de sens. S'il était prouvé qu'un acte magique puisse avoir un tel résultat, il conduirait immédiatement à une révision des lois de la Nature et ces « pouvoirs » surnaturels seraient alors tout simplement reconnus comme naturels ! Les « lois de la Nature » établies par l'homme ne sont certainement pas absolues et ont (comme toutes les lois) subi de fréquentes et majeures révisions au cours des siècles.

Une bonne partie de ce qui était appelé « miraculeux » ou « magique » dans le passé, est connu aujourd'hui comme la science. Nos ancêtres qualifiaient des choses de « magiques » tant qu'un lien avec les lois contemporaines de la Nature n'avait pas été établi, ou quand ces lois avaient besoin d'être ajustées pour s'accorder avec la nouvelle découverte. Ce miracle (après examen de la preuve pour éliminer la fraude) était alors accepté comme science et cessait d'être magique.

Quand, il y a bien longtemps, le chamane calculait secrètement la longueur de l'ombre du soleil pour prédire magiquement le jour exact du Solstice d'Hiver et être donc capable d'« empêcher le soleil d'être dévoré par le pouvoir des ténèbres », il savait que ses calculs étaient de la « science ». Mais il utilisait (mal) sa connaissance en faisant faussement croire que ses pouvoirs magiques – et non la connaissance d'une date – avaient permis au soleil de remonter dans le ciel.

Il mentait et faisait croire que le soleil avait obéi à ses ordres et que, par conséquent, les membres de son clan feraient bien de leur obéir ainsi qu'à son « dieu » ou « esprit-canal ». Comme tous les magiciens professionnels, il dissimulait sa simple connaissance scientifique derrière l'écran de fumée des rituels et des mises en scène. En agissant ainsi, il devenait essentiellement un escroc en quête de pouvoir personnel.

Trop souvent de tels individus essayent d'imposer aux autres leurs propres concepts religieux et comportementaux. Au lieu de dire « Selon moi » ou « Mon intuition me dit que… », ils disent « Dieu m'a dit » (ou même mieux, « Dieu m'est apparu et m'a dit »). Ils font de leurs propres paroles et pensées les pensées de « Dieu ». Si ces paroles sont écrites noir sur blanc et transmises pendant des générations, le clergé supérieur conserve ce qu'il juge bon pour sa politique. Cela devient alors le Canon, gravé dans la pierre. Ne vous avisez pas de le contester ou de vous en moquer, sinon vous avez toutes les chances de finir rôti lors du prochain autodafé [1], ou d'être condamné à mort par le gouvernement iranien (comme c'est arrivé récemment à l'auteur Salman Rushdie).

Pour l'homme primitif, avec sa connaissance limitée des lois de la Nature, presque toute science fut d'abord vue comme de la magie. Encore aujourd'hui, un public frustre peut voir un ordinateur individuel ou un appareil photo instamatic comme magique ou miraculeux. Cependant, la différence entre un scientifique et un pseudo-magicien, c'est que (heureusement) le premier n'essayera jamais volontairement de donner à son invention une aura surnaturelle.

Les enfants et les adultes immatures ont toujours cherché des astuces, des raccourcis, pour satisfaire immédiatement leurs désirs, au lieu d'utiliser le temps, l'effort et la créativité nécessaires pour cela. Ne serait-il pas formidable de pouvoir agiter une baguette ou d'entonner un charme et, par exemple (pour utiliser un fantasme masculin commun), de jeter un sort sur cette jolie fille que vous voudriez mettre dans votre lit, pour la transformer en votre esclave sexuelle obéissante ? Cela serait plus facile que d'avoir à gagner progressivement son amour. Imaginez encore qu'il suffise de jeter un sort et d'utiliser une numérologie spéciale pour apprendre les anciens secrets druidiques de prospé-

1. *Autodafé* : la mise à mort par le feu des hérétiques.

rité et de pouvoir et gagner à Las Vegas. Pendant des millénaires, des individus sans scrupules – prêtres, mages, escrocs et gourous de sectes – ont alimenté le chagrin des individus ou les désirs égoïstes de tels raccourcis magiques et miraculeux. « Je vénérerai et offrirai des sacrifices à votre dieu et à son pouvoir – qu'il vous a transmis en votre qualité de prêtre – si vous sauvez mon enfant parmi les milliers d'autres qui meurent de faim. »

Quelle sorte de transaction égoïste et diabolique est-ce là ? Heureusement, dans la nature, tout le monde est égal en essence, et il n'y a pas de traitement de faveur en échange d'offrandes et de vénération.

Vénération/Culte : Opposée de la célébration, la vénération est fondée sur l'idée qu'il existe une force externe, un pouvoir qui, consciemment, « gouverne » chacun de nous individuellement, une entité qui nous verrait comme ses enfants ou ses serviteurs obéissants. Ces forces, appelées Dieu, Allah, Yahwé, etc., réclament l'obéissance, fondée sur des règles et des préceptes donnés il y a longtemps, mais toujours par l'intermédiaire d'êtres humains. Ces règles furent ensuite retranscrites noir sur blanc par ces mêmes hommes – ou d'autres « très spéciaux » – dans des livres comme la Bible, le Coran et d'autres ouvrages « sacrés ».

Curieusement, ces dieux sont toujours censés avoir besoin d'organisations pyramidales de représentants humains, autorisés à parler en leur nom. Ces représentants veulent que nous suivions leurs ordres et les enseignements de cette divinité qu'ils nous transmettent, selon leurs dires. Ils parlent de vénération, d'amour et de charité, mais, en fait, nombre d'entre eux ne font que dissimuler des pratiques de mort, de pouvoir et de cupidité. Ce qu'ils aiment, c'est occuper le premier siège dans leurs assemblées et les salutations obséquieuses sur les places publiques [1].

Nous devons vénérer la divinité exactement comme ces représentants nous ordonnent de le faire. Sinon, « Il » ne nous protégera plus de « Sa » colère. Mais en faisant plaisir à ces saints suppôts grâce à un comportement rituélique correct et à de généreuses offrandes (censées être destinées à la divinité), nous

1. Librement adapté de *L'Évangile selon saint Luc*, 11 : 43 (Jésus et les Pharisiens).

espérons qu'ils pourront, comme le chambellan d'un roi, intercéder en notre faveur et peut-être nous sauver de l'ire de la divinité, que ce soit dans cette vallée de larmes ou dans quelque nébuleux « au-delà ».

Célébration : L'exact opposé de la vénération/culte telle qu'elle est définie ci-dessus. Le vrai chamane célébrait la vie ; non pas seulement l'existence individuelle de l'homme, mais celle de toute la Nature autour de lui. Nous ne sommes pas ses serviteurs, mais nous sommes une partie de celle-ci (de la même manière que chaque cellule de notre corps, chaque bactérie dans nos intestins, est une partie de notre propre être symbiotique). Humains et autres créatures, forêts, mers, montagnes, déserts et planètes : nous sommes tous partenaires interdépendants, égaux et responsables. Nous sommes tous imprégnés de l'esprit de la Vie, et si ce n'est pas une raison suffisante pour une joyeuse célébration, j'ignore ce qui peut l'être. Nous ne devons ni craindre la Vie, ni la vénérer, parce que nous sommes une partie intégrante de « Celle-ci », mais en tant que tels, nous sommes aussi responsables d'« Elle » par nos actions.

Par conséquent, nous devrions cesser de nous comporter comme des enfants jouant à faire semblant, attendant que quelque surhomme, dieu, roi, dictateur, démagogue politique, gourou, ou encore quelque formule magique vienne nous sauver avec des abracadabras, ou nous vendre le mode d'emploi garanti pour le Salut et la Richesse ou tout autre « raccourci ». Il nous appartient maintenant personnellement de réfléchir et de prendre des décisions, au lieu de questionner sans cesse une soi-disant autorité.

Certains peuvent être effrayés à l'idée d'avoir à prendre seuls leurs décisions, au lieu d'avoir une autorité leur disant ce qu'ils doivent penser et faire. Mais cela s'appelle grandir, et dès que nous commençons à agir ainsi, nous découvrons à quel point c'est libérateur, et à quel point nous ne sommes pas seuls. Au contraire, nous sommes une partie symbiotique d'un grand et magnifique Tout.

Nous avons trop longtemps violé et volé Gaïa et nous nous approchons maintenant, avant même la fin de notre vie et celle de nos enfants, du moment de la vérité. Si nous ne voulons pas être les témoins de l'Armaggedon et de la mort de Gaïa, des sacrifices personnels majeurs sont nécessaires, mais ils ne sont rien d'autre que ce qui devrait être. Naturellement ces sacrifices concernent tout le monde et pas seulement les masses moribondes, au pied de la pile.

L'Occidental arrogant a longtemps eu tendance à se voir comme plus civilisé que l'homme soi-disant primitif – ou même les citoyens du tiers-monde. Mais les canalisations, les autoroutes, la pollution et les embouteillages ne font pas vraiment de nous des gens plus civilisés.

Il est bon de se souvenir qu'il y a 2 000 ans, à l'époque de César, les Romains possédaient aussi des canalisations et égouts, de merveilleux aqueducs, de grandes routes internationales et des ponts (dont certains servent encore aujourd'hui), et, comme aujourd'hui, ils combattaient la pollution et les embouteillages dans la ville de Rome. À cette même époque, certains de nos ancêtres nordiques étaient encore des chasseurs de tête ; ils portaient des *skoll* [toasts] à la santé de leurs amis en buvant dans les crânes d'ennemis, sacrifiaient de jeunes vierges, et – dans certaines régions – s'adonnaient même au cannibalisme (en Écosse, le dernier procès pour cannibalisme s'est tenu à la fin du XVIIIe siècle). En dépit de cela, nos ancêtres barbares prospérèrent et survécurent, tandis que l'Empire romain théoriquement civilisé disparut.

Comme la civilisation romaine, la civilisation occidentale nous a évidemment donné des avantages appréciables, mais elle a aussi sa face sombre. Elle nous a apporté les empires coloniaux, l'exploitation mondiale par les multinationales, les guerres du pétrole, les empires, les bombes atomiques et, plus généralement, les guerres continuelles (y compris les deux Guerres mondiales), la faim au milieu de l'abondance, la surpopulation explosive et l'épuisement rapide de nos ressources naturelles, combinés aux trous dans la couche d'ozone et à la pollution mondiale ne cessant de s'étendre.

La culture chrétienne occidentale nous a enseigné la foi et l'espoir, mais hélas, comme la Vieille Religion d'Herne/Pan, elle nous a aussi présenté son côté sombre : remplaçant le sacrifice humain païen par les exécutions publiques d'« hérétiques » brûlés vifs sur ordre de l'Inquisition, et amenant les horreurs des Croisades, des guerres saintes, et des génocides, tout en fermant les yeux sur l'esclavage et le racisme.

Assistons-nous maintenant à la mise à mort de nos plus vieux mythes par le mercantilisme : ceux du chamane et de l'Arbre de Feu ? Avons-nous oublié les rituels d'enseignement vieux de plusieurs millénaires, censés nous rappeler le dilemme du Don du Feu et de la Connaissance – le don qui nous a séparés des autres animaux, nous permettant de participer à la réorganisation de notre Planète et de sa Vie, mais réclamant aussi de nous un devoir de responsabilité altruiste pour cette gestion ?

C'est ce dernier point qui est si crucial pour l'avenir de ce monde. Pendant des siècles, nous avons agi comme de petits enfants jouant avec des allumettes parce que notre connaissance était limitée. Nous devenons maintenant de jeunes adultes qui doivent apprendre à accepter notre pleine responsabilité en tant que gestionnaires, au lieu d'abuser de cette connaissance par cupidité. Si nous continuons à procréer de manière irresponsable comme un cancer planétaire – ou une nuée gigantesque de sauterelles dévorant avidement toutes les ressources de la Terre – en très peu de temps, nous nous détruirons nous-mêmes, avec tout ce qui se trouve sur Gaïa (notre terre vivante). Rien d'autre ne restera qu'un vestige desséché, semblable à Mars, la planète de la Vie et de la Beauté passées. Le choix nous appartient. Cela ne doit pas arriver.

Je n'ai jamais cessé d'être fasciné par le fait que Herne/Pan continue d'exister presque inchangé depuis quelque 10 000 ans. Nous le voyons d'abord dans les grottes préhistoriques de Dordogne (France), et quand nous le retrouvons sur une illustration du XVIIe siècle, il n'a pas changé d'un pouce. Il se dresse toujours, avec son instrument de musique, revêtu de ses peaux d'animaux, masqué et cornu ; exécutant la Danse de la Vie tout en exhibant agressivement sa virilité. Il était vraiment l'Esprit de la Nature, l'Esprit brut de la Vie laissant sa lumière briller avec force dans ce court intervalle entre la Naissance et la Mort. Il a survécu aux trois derniers siècles, mais a progressivement été réduit au silence, expurgé, castré, dépossédé de ses cornes et finalement – à l'instar de sa Danse de la Vie réduite à un lent ballet – exhibé devant les centres commerciaux : porté sur la bouteille, vieux, gros, grisonnant et, pire que tout (grâce à Coca-Cola), « mignon ».

Au cours du dernier siècle, un nouveau dieu, un dieu de l'avidité et du mercantilisme, s'est levé pour détruire la nature et exploiter notre planète, un dieu apparemment déterminé à abattre tous les arbres de Noël et à réduire le Père Noël/Santa Claus en esclavage mieux encore que Wodan et saint Nicolas n'ont jamais réduit Herne/Pan en esclavage. Cette puissance semble avoir réussi là où les dieux celtes et germaniques, l'Inquisition et les Puritains ont échoué. La Vie, la Joie, la Vigilance et l'Amour permettront-ils à l'esprit tenace d'Herne/Pan de survivre ? Ou le Père Noël/Santa Claus a-t-il été mortellement blessé et achève-t-il son existence à Disneyland comme une pauvre chose animée ?

Peut-être pensez-vous que tout cela est intéressant, mais qu'il est tout de même assez ridicule de s'inquiéter de savoir si les mythes du Père Noël et de l'Arbre de Noël vont survivre ou non ? Réellement, n'y a-t-il pas des sujets d'inquiétude plus importants dans ce monde ?

Peut-être ! Mais peut-être pas. Souvenez-vous de votre enfance. Le « mythe » du Père Noël n'était-il pas alors important pour vous ? Le Père Noël vous rendait joyeux, il vous invitait à être sage et s'il vous effrayait peut-être un peu, il récompensait votre bonne conduite avec des cadeaux. Vous regardiez l'Arbre de Noël [1] avec vos yeux d'enfant émerveillé et méditiez sur les flammes dansantes de ses bougies. Il vous enseignait que la beauté de la Nature et de la Forêt peut vivre en harmonie avec la flamme de la bougie, et encore apporter confort et joie.

Puis, un jour, vous vous êtes senti presque adulte, parce que vous aviez découvert que le Père Noël était « simplement » un mythe. Vous étiez sur le point d'envoyer promener tous ces vieux mythes ridicules, quand vous avez réalisé que vous deviez entretenir le mythe à votre tour, pour vos petits frères et sœurs – et plus tard pour vos enfants. À votre tour, vous alliez continuer le mythe… vous deviez vous transformer en Père Noël.

Un mythe, comme une parabole, n'est qu'une autre manière de montrer au peuple les conséquences de nos actions humaines. Pendant des milliers d'années, nous avons, comme les petits enfants, exploité avidement les présents que la Terre nous avait accordés, tout en négligeant notre responsabilité quant à sa survie et à ses autres occupants, quel que soit le dieu que nous suivions individuellement. Nous avons ignoré béatement que c'était maintenant nous qui –

1. Naturellement, il existe de nombreux autres symboles de la mémoire du feu dans les différentes cultures, comme le Buisson ardent de la Bible, la Menorah juive, les flammes éternelles, ou même la cheminée inefficace en matière énergétique (mais ô combien fascinante et sexy).

L'auteur en Père Noël.

en échange du Don du Feu – devions prendre en main la responsabilité de sa gestion.

Allons-nous rester là, à pleurer sur la perte de notre innocence, nous demandant qui va nous dire ce que nous devons faire, qui va nous donner les ordres ? Sommes-nous en train d'« attendre Godot »[1] ? Personne ne va venir miraculeusement décider à notre place. Nous ne pouvons pas attendre éternellement que quelque parent, politicien ou dieu vienne nous sauver.

Nous avons essayé de créer un dieu à notre image, nous avons essayé de faire fonctionner ce monde comme s'il nous appartenait. Nous sommes les seuls responsables de ce gâchis.

Il nous appartient maintenant, individuellement et collectivement, d'entreprendre les changements nécessaires, pour revitaliser le vieux mythe et ramener la Nature et la Connaissance dans un état d'harmonie. Nous devons revêtir le masque du chamane nous-mêmes et enseigner la célébration de la Danse de la Vie – pas avec des cercles magiques, des incantations exotiques et des rituels millénaires qui ne sont plus en connexion avec nos problèmes actuels ou ont été rendus caduques par la science, ni en essayant d'exercer nos pouvoirs sur les autres. À la place, nous devons vivre avec intelligence, dévouement et autodiscipline, en abandonnant quelques conforts mineurs et en étant moins égoïstes et, par-dessus tout, en montrant de la compassion et de l'amour pour tout ce qui nous entoure et pour la Grande Entité dont nous formons tous une partie.

Allumons les bougies de l'Arbre vivant, en nous rappelant que Noël et le Père Noël ne s'arrêtent pas au bruit d'une caisse enregistreuse ou à un acteur grassouillet dans un costume rouge minable avec une barbe de coton bon marché. Ils sont beaucoup plus que cela.

Alors
Au Père Noël et à la mémoire de l'Arbre de Feu,
et Joyeux Noël à tous !

---

1. Allusion à la célèbre pièce de théâtre *En attendant Godot* de Samuel Becket dans laquelle deux hommes attendent éternellement que quelqu'un appelé Godot (*God*, c'est Dieu, en anglais) vienne et résolve leurs problèmes.

Glossaire

Balai/Balai de bouleau : un ancien symbole de la Vieille Religion païenne. Il s'agissait originellement d'une branche de genêt (en anglais, le genêt se traduit par *broom*, et aujourd'hui *broom* est également la traduction de « balai ») avec une touffe de feuilles à son extrémité. C'est donc aussi le balai ordinaire, parfois avec une petite poignée ou sans poignée, symbolisant la fertilité. Le mâle (la baguette) s'introduit dans la femelle (les branchages).

Diable : Aussi Duyvel. Dans la théologie chrétienne, il est synonyme de Satan, l'adversaire de Dieu. Pour la Vieille Religion païenne (pré-chrétienne et pré-germanique), il n'est pas lié au mal, mais c'est le titre du grand prêtre, le principal chamane/homme-médecine, porte-parole de toutes les forces de la Nature, à la fois créatrices et destructrices. De moindres chamanes (hommes ou femmes) furent connus comme « sorciers », signifiant « habile » ou « sacré », ou d'après d'autres, comme *wicka* ou savants (d'après le vieux-norrois [*N.d.T.* et surtout l'anglo-saxon]).

Légende : une histoire venant du passé, particulièrement une histoire présentée comme historique, mais non vérifiable.

Mythe : une histoire, dont l'origine a été oubliée, qui parle ostensiblement d'événements historiques, mais sert en fait à expliquer certaines pratiques, croyances, institutions ou phénomènes naturels.

Magie : Essais primitifs de science, acceptée sans investigation empirique ; une partie de nombreuses religions païennes. La magie sympathique essaye d'obtenir un résultat désiré par l'imitation.

Noël et la Noël : Dans ce livre, j'ai différencié Noël (anglais *Xmas*) de la Noël (anglais *Christmas*). J'utilise le terme féminin *la* Noël en référence à la célébration de la messe en mémoire de la naissance du Christ et de ses mises en scène pompeuses de *la* Nativité traditionnelle. J'utilise le vocable masculin Noël pour rendre la joyeuse célébration païenne des fêtes de moisson et d'abattage. Le Solstice d'Hiver et le retour du Soleil. Le signe X, adopté comme l'un des symboles de la foi chrétienne (voir abréviation anglaise *Xmas* ou *X* remplace *Christ*), fut à l'origine la croix runique de Wodan, qui indiquait la division de l'année en saisons.

Rituel : le rituel est considéré comme d'une importance primordiale dans la plupart des religions. Les sacrifices, les danses d'imitation (mimes), les processions, les mises en scène, les jeux et fêtes sont les principaux actes des rituels primitifs (voir **magie**).

Tabou : interdiction sacrée frappant certaines personnes, certaines choses ou certains actes.

Bibliographie

Aardweg, B. S. P. V/D., *Sint Nikolass en Feest en Vierdagen in Kerk en Volks Gebruiken*, The Netherlands, 1978.

Aho, J. A., *Religious Mythology and the Art of War : Comparative Religious Symbols of Military Violence*. Westport, CT : Greenwood Press, 1981.

Aland, A., *Adaptation in Cultural Evolution*, NY : Columbia University Press, 1970.

Allan, T., *Het Eiland Texel en Zijn Bewoners. Amsterdam*, 1856.

Anwyl, E., *Celtic Religion in Pre-Christian Times*, London, 1906.

Aswynn, F., *Leaves of Yggdrasil*, St. Paul, MN : Llewellyn Publications, 1992. (Trad. fr. : *Hommes, Runes et Dieux*, Éd. de Janvier/Claire Vigne, Combronde/Paris, 1996)

Ausubel, N., *Pictorial History of the Jewish People*, NY, Crown Publishers Inc., 1958.

The (Authorized) King James Version of The Holy Bible, St. Louis, MO, Concordia Publishing House.

Barnett, S. A., *Communication in Animal and Human Societies*, Banton, 1961.

Baumer, F. L., *Religion and the Rise of Scepticism*, NY, Harcourt Brace, 1960.

BBC, « Balearic Islands. » From the series *Rough Guide to World's Islands*, 9 December 1992, BBC 2.
Bellah, R. N., « To Kill and Survive or to Die and Become : The Active Life and the Contemplative Life as Ways of Being Adult. », *Daedalus*. Spring 1975.
Bibby, G., *Four Thousand Years Ago*, NY, Alfred A. Knopf, 1961.
Bigelow, R., *The Dawn Warriors : Man's Evolution Toward Peace*, Boston, MA, Little Brown, 1969.
Bohannan, P., *Law and Warfare : Studies in the Anthropology of Conflict*, Garden City, NY, Natural History Press, Garden City Press, 1967.
Bowden, C. H., *Short Dictionary of Catholicism*, NY, Philosophical Library, 1958.
Braidwood, R. J., *Prehistoric Men*, 7e ed. Glenview, IL, Scott, Foresman, 1967.
Brentano, R., *Rome Before Avignon*, NY, Basic Books Inc., 1974.
Burian, Z., and J. Wolf, *The Dawn of Man*, London, 1978.
Burland, C., *North American Indian Mythology. Middlesex, England*, Paul Hamlyn, 1965.
Busk, R. H., *The Valleys of Tyrol*, London, 1874.
Bychowski, G., *Oliver Cromwell and the Puritan Revolution*, Zawodny, 1966.

Campbell, J., and B. Moyers, *The Power of the Myth*, NY, Doubleday, 1988.
Campbell, J., *The Hero With a Thousand Faces*, Princeton University Press, 1973.
Campbell, J., *The Mask Of God : Primitive Mythology*, NY, Viking Press, 1969.
Carpenter, E., *Pagan and Christian Creeds ; Their Origin and Meaning*, George Ailen & Unwin, 1921.
Caesar, Julius, *War Commentaries*, NY, The New American Library Inc., 1960.
Chadwick, H., *The Early Church.*, Dorset Press, 1986.
Church, F. P., *Is There a Santa Claus ?*, Grossett & Dunlap, 1938
Cirlot, J. E., *A Dictionary of Symbols*, translated from spanish, NY Philosophical Library, Inc., 1962
Clark, G., and S. Piggott., *Prehistoric Societies*, London, Hutchinson, 1965.
Coon, C. S., *The Hunting People*, Bostons MA, Little, Brown, 1971.
Count, E. W., *4000 Years of Christmas*, Henry Shuman, 1948.

Crippen, T. C., *Christmas and Christmas Lore*, London, Blackie & Son, 19??.
Cruden, A., *Unabridged Concordance*, Baker Book House, 1953.

Daniel-Ropps, H., *Daily Life in the Times of Jesus*, Hawthorn Books, 1962
Darlington, C. D., *The Evolution of Man and Society*, NY, Simon & Schuster, 1969.
Davidson, E., *Gods and Myths of the Viking Age*, Bell Publishing Co., 1981.
Dawson, W. F., *Christmas, Its Origins and Associations*, Elliot Stock, 1902.
Dice, L. R., *Man's Nature and Nature's Man*, Westport, CT, Greenwood Press, 1973.
Dickens, A. G., ed. *The Courts of Europe, 1400-1800*, London : 1977.
Dickens, C., *A Christmas Carol, London*, Bradbury & Evans, 1845.
Dickens, C., *The Pickwick Papers*, London, Chapman & Hall, 1838.
The Douay Confraternity Version of The Holy Bible, Los Angeles, CA, C. F. Haron & Co., 1950.
Drew, K. F., *The Barbarian Invasions*, NY, 1970.
Dumond, D. E., « Population Growth and Cultural Change », *Southwestern Journal of Anthropology* (21 avril 1965).

Einhard and Notker, *The Stammerer Lives of Charlemagne*, différentes traductions. (850 ?)
Eliade, M., *Shamanism*. Princeton University Press, 1964 (trad. fr. : *Le Chamanisme*, Payot, Paris, 1968).

Falk, R., *Legal Order in a Violent World*, Princeton University Press,1968.
Falk, R., *The Potential of Women*, NY, McGraw-Hill, 1963.
Fisher, H. E., *The Sex Contract : The Evolution of Human Behaviour*, London : 1983.
Frazer, J. C., *The Golden Bough*, Avenel Books, Crown Publishers, 1981. (Originally published London, 1890.) (trad. fr. : *Le Rameau d'Or*).
Freuchen, P., *Book of the Eskimos*, Cleveland, OH, World, 1961.
Freud, S., *Totem and Taboo*, London, Routlege and Kegan Paul, 1950 (trad. fr. : *Totem et tabou*).

Fromm, E., *Man for Himself*, NY, Holt, Rinehart and Winston, 1947.

Garcilasco, *The Incas*, Alain Gheerbrant, ed. NY, Avon Books, 1964.
Ghesquiere, R., *Van Nicolaas Van Myra Tot SinterKlaas*, Amersfoort, The Netherlands, Acco, no date.
Ginsberg, C., *The Witches Sabbath*, Holland, Wereldbibliotheek, 1993.
Glacken, C. J., *Man Against Nature, An Outmoded Concept*, Helfrich, 1970.
Glob, P. V., *The Bog People*, London, 1969.
Goffart, W., *Barbarians and Romans*, Princeton University Press, 1980.
Gomme, Sir G. L., *Folk Lore Relic of Early Village Life*, London, 1883
Graft, Dr. C. C. V/D, *Nederlandsche Volksgebruiken Bij Hoogtijdagen*, Amsterdam, Heemschut Serie, Alert De Lange, 1947.
Grant, F.C., *Ancient Roman Religion*, Liberal Arts Press, 1957.
Grun, B., *The Time Tables of History, A Touchstone Book*, NY, Simon & Schuster, 1982.
Guerber, H. D., *Noorse Mythen ; Mythen & Legenden Uit De Middeleeuwen ; Mythen van Griekenland en Rome*, The Netherlands, W. J. Thieme & Cie., Zutphen, 1935 ?

Haan, Dr. T. J. W. R., *De Folklore Der Lage Landen*, Amsterdam, 1972.
Haining, P., *Superstitions*, UK, Treasure Press, 1990.
Halliday, W. R., *Greek and Roman Folklore*, Harrap, 1927.
Hamer Magazine. Différents articles sur les coutumes populaires, The Netherlands, Arbeiders Pers, solstice d'hiver 1941.
Hamlyn, P., *Roman Mythology*, UK, The Hamlyn Publishing Group Ltd., 1969.
Harrison, M., *The Story of Christmas*, London, Odhams Press, 19 ??.
Hassankhan, R., *Al is Hij zo Zwart Als Roet*, The Netherlands, Warray, 1988.
Hastings, J., *Dictionary of The Bible*, NY, Charles Scribner's Sons, 1937.
Heemskerk, W. F., Van and D. Zinnebeelden, *In Nederland, Uitgevery Hamer*, Amsterdam,1943.
Henderson, G., *Survival of Belief Among the Celts*, Glasgow, 1911.
Hervey, T. K., *The Book of Christmas*, London, William Spooner, 1836.
Hole, C., *Christmas and Its Customs*, M. Barrows & Co., 1958.

Holwerda, Dr. J. H., *Geschiedenis Van Nederlands*, 8 vol., Amsterdam, Uitgevery Joost Van De Vondel N.V., 1935.

Honig, Dr. G. N., *De Vroege Middeleeuwen In Holland.*, Amsterdam, Heemschut Serie, Alert De Lange, 1947.

Hornung, C. P., ed., *An Oldfashioned Christmas in Illustration and Decoration*, NY, Dover Publications Inc.,1970.

Horst, C. F. V/D., *Het Boek Der Helden*, Utrecht, The Netherlands, W. De Haan, 1930.

Hottes, C. A., *1001 Christmas Facts and Fancies. T.*, De La Mare Co., 1954.

Hough, P. M., *Dutch Life in Town and Country*, London, 1906.

Innes, H., *Scandinavia*, Life World Library, Time Inc., 1963.

Innes, H., *Handbook of the Nations*, Life World Library, Time Inc., 1966.

Jansen, J. N., *De Duivel en de Doden*, Baarn, The Netherlands, Anbo Publishers, 1993.

Johnston, M., *Roman Life*, Chicago, IL, Scott, Foresman & Co., 1957.

Josephy, A. M. Jr., ed. *American Heritage Indians*, American Heritage Publishing Co., Inc. and Simon & Schuster, Inc., 1961.

Koenigswald, Dr. G. H. R., « Komt Sinterklaas Uit Turkije ? » in *Elzeviers Weekblad* (1er décembre 1958).

Kroeber, A. L., *An Anthropologist Looks at History*, Berkeley and Los Angeles, CA, University of California Press, 1966.

Kronfeld, E. M., *Der Weibeachtsbaum*, Oldenburg, 1906.

Krythe, M. R., *All About Christmas*, Harper & Bros., 1954.

Laan, K. T., *Folkloristisch Woordenboek*, The Hague, The Netherlands, 1974.

Landtmann, G., *The Origin of the Inequality in the Social Classes*, NY, Greenwood Press, 1968.

Larousse Encyclopedia of Mythology, UK, The Hamlyn Publishing Group Ltd., 1974.

Lawick-Goodall, J. V., *My Friends the Wild Chimpanzees*, Washington, DC, National Geographic Society, 1967.
Lawick-Goodall, J. V., *In the Shadow of Man*, NY, Dell, 1971.
Lewy, G., *Religion and Revolution*, NY, Oxford University Press, 1974.
Lowen, A., *The Language of the Body*, NY, Collier Books, 1958.

Manhardt, W., *Der Baumkultus der Germanen und Ihre Nachbarstaemme*, Berlin, 1875.
Masters, R. E. L., *Eros and Evil, The Sexual Psychopathology of Witchcraft*, NY, Julien Press,1962.
Maters, H., *Herinneringen aan Sinterklaas*, Netherlands America Society Newsletter, dec.1989.
Meszger, W., *Sankt Nicolaus, Schwabenberg Verlag*, Germany, 1993.
Miles, C. A., *Christmas Customs and Traditions*, NY Dover Publications, Inc., 1976. (a re-publication of *Christmas in Ritual and Tradition, Christian and Pagan*, originally published by T. Fisher Unwin in 1912.)
Miller, D. L., *Gods and Games*, NY, The World Publishing Company, 1970.
Miller, R., *In Search of Santa Claus*, no publisher, no date.
Monseur, E., *Le Folklore Wallon*, 1892.
Morris, H. S., *In the Yule Log Glow*, 4 vol., J. B. Lippincott, 1892.
Morris, R., *The New World*, vol. 1, The New Life History of the USA. Time, Inc. Book Division,1963.
Morris, R., *The Making of a Nation*, vol. 2, The New Life History of the USA. Time, Inc. Book Division, 1963.
Morris, W., and M., *Dictionary of Word and Phrase Origins*, NY, Harper & Row Publishers, 1962.
Motley, Dr. J. L., *The Rise of the Dutch Republic*, 4 vol., NY, Harper Bros., 1883.
Motley, Dr. J. L., *History of the United Netherlands*, 3 vol., NY, Harper Bros., 1883.
Murdock, G. P., *Our Primitive Contemporaries*, NY, Macmillan, 1934.
Murray, M. A., *The God of the Witches*, NY, Oxford University Press, 1970.

Newark, T., *The Barbarians*, UK, Blanford Press, 1985.
Nierop, H. V., *Santa Claus the Dutch Way*, NY, The Netherlands Information Service, 1962.

Olson, R., *Clan and Moiety in Native America*, Berkeley, CA, University of California Publications in American Archeology and Ethnology, 1933.

Phillips, J. B., *The New Testament in Modern English*, NY, The Macmillan Co., 1959.
Piggott, S., *Ancient Europe*, Chicago, IL, Aldine Publishing Co., 1965.
Platt, C., *The Atlas of Medieval Man*, London, 1979.

Radin, P., *Primitive Man as a Philosopher*, NY, Dover, 1957.
Rausing, G., *The Bow Lund*, Sweden, 1967.
Reiche, R., *Sexuality and Class Struggle*, London, 1970.
Renterghem, T. V., *The Four Gospels Analysis*, Los Angeles, CA, G. Stevens Productions, 1961 (rapport de recherche, dix copies faites.)
Renterghem, T. V., *And Jesus Speaks*, Los Angeles, CA, G. Stevens Productions,1961 (dix copies faites).
Renterghem, T. V., « A Detective Story, The True Origins of Sinter-Klaas & Zwarte Piet », N. A. S. News, 1986.
The Revised Standard Version of The Holy Bible, NY, Thomas Nelson and Sons, 1953.
Reydon, H., *Het Zonnerad*, Utrecht, The Netherlands N. E. N. A. S. U., 1936.
Robinson, J., *Body Packaging*, CA, Elysium Growth Press, 1988.
Romein, Dr. J., *De Lage Landen Bij de Zee*, Utrecht, The Netherlands, W. De Haan, 1934.
Ross, L., « The Myth That Things are Getting Better », *New York Review of Books* (12 août 1972).
Rooijakkers, G., I. Dresen-Coenen, and M. Geerdes, *Duivelsbeelden Een Cultuurhistorische Speurtocht Door De Lage Landen*, The Netherlands, Ambo Publishers Baarn, 1994.

Sandys, W., *Christmastide, Its History, Festivities and Carols*, John Russell Smith, no date.
Schilstra, J. J., *Prenten in Hout*, The Netherlands Uitgevery De Tijdstroom B. V., 1985.
Schmookler, A. B., *The Parable of the Tribes*, Boston, MA, Houghton Mifflin Co., 1984.
Schultz, W., *Altgermanische Kultur in Wort und Bild*, Munich, J F. Lehman Verl., 1935.
Service, E. R., *A Profile of Primitive Culture*, NY, Harper, 1958.
Severin, T., *Vanishing Primitive Man*, NY, 1970.
Seward, D., *The Monks of War*, Suffolk, UK, Paladin, 1972.
Shakespeare, W., *The Complete Works of William Shakespeare*, B. Blackwell, ed. Oxford : Shakespeare Head Press, 1934.
Sittwell, N. H. H., *The World the Romans Knew*, London, Hamish Hamilton, 1984.
Spears, R. A., *Slang and Euphemism Dictionary*, NY, Jonathan David Publishers, Inc., 1981.
Spicer, D., *Festivals of Western Europe*, H. W. Wilson Co., 1958.
Steven, W. A., and E. De Witt-Burton, *A Harmony of the Gospels*, NY, Charles Scribner's Sons, 1932.
Stolz, A., *Shamanen, Ekstase Und Jenseits-Symbolik, Du-Mont Buchverlag*, Cologne, Germany, 1988.

Tacite, *Annales* (nombreuses traductions en anglais, en français, éd. Garnier-Flammarion.)
Taylor, L. R., *The Divinity of the Roman Emperors*, Monographs n° 1. The American Philosophical Association, Middletown, 1931.
Thompson, E. A., *The Early Germans*, Oxford, 1965.
Thompson, E. A., *The Visigoths in the Time of Ulfila*, Oxford, 1965.
Tille, A., *Yule and Christmas*, London, 1899.
Time-Life Books, *The Celts*, The Emergence of Man Series, 1974.
Time-Life Books, *Cro-Magnon Man*, The Emergence of Man Series, 1973.
Time-Life Books, *The First Men*, The Emergence of Man Series, 1973.

Time-Life Books, *The Neanderthals*, The Emergence of Man Series, 1973.
Time-Life Books, *The Northmen*, The Emergence of Man Series, 1974.
Time-Life Books, *The Sea Traders*, The Emergence of Man Series, 1974.
Time-Life, Inc., *The Life Book of Christmas*, 3 volumes, NY, Inc., 1963.
Tirion, I., *Hedendaagsche Historie of Tegenmoordige Staat van alle Volheren*, Part 18, Amsterdam, 1750.
Todd, M., *The Northern Barbarians BC 100 to AD 300*, London, 1975.
Tryckare, T., *The Vikings*, Gothenburg, Sweden, Cagner & Co., 1966.
Turnbull, C. M., *The Forest People*, NY, Simon & Schuster, 1962.

Vaux, O. P., *Ancient Israel, Its Life and Institutions*, NY, McGraw-Hill Book Co., Inc., no date.
Veen, Dr. P. A. F., *Entymologisch Woordenbook*, Utrecht/Antwerpen, Van Dale Lexicografie B. V., 1991.
Vlaming, M., and F. Witte, *Van Demonen en Ander Gedonderjaag*, Texel, Holland, 1980.
Vloberg, M., *Les Noëls de France*, Paris, B. Arthaud, 1953.
Vries, J. De., *De Wetenschap der Volkskunde*, Amsterdam, 1941.

Waechter, J., *Man Before History*, London, 1976.
Wallace-Hadrill, J. M., *The Barbarian West 400-1000*, London, 1967.
Warner R., *Men and Gods*, Harmondsworth, Penguin Books, 1952.
Watts, A. W., *The Way of Zen*, NY, Pantheon Books, Inc., 1957.
Webster, A. M., *Webster's New International Dictionary of the English Language*, 2[e] ed., unabridged, C. Miriam Company Publishers, 1937.
Wells, H. G., *The Outline of History*, NY, Garden City Books, 1949.
Wendt, H., *In Search of Adam : The Story of Man's Search for Truth About his Earliest Ancestors*, Boston, MA, Houghton Mifflin, 1956.
Wernecke, H. H., *Christmas Customs Around the World*, Westminster Press, 1959.
Wheelis, A., *The End of the Modern Age*, NY, Basic Books, 1971.
Wilson, D., *The Family Christmas Book*, Prentice Hall, 1957.
Wood, D. R., *Genesis*, Kent, UK, The Balan Press, 1985.
Wood, M., *In Search of the Dark Ages*, Facts on File Publications, 1987.

Illustrations

Un effort particulier a été entrepris pour retrouver le propriétaire et/ou le détenteur du copyright de toutes les illustrations incluses dans ce livre. Veuillez nous pardonner pour toute erreur ou omission. Si elles nous sont signalées, nous pourrons inclure les crédits appropriés dans les prochaines éditions.

Les illustrations sont listées par numéro de page, de haut en bas et de gauche à droite.

25 – Photos : T van Renterghem. 36 – T. van Renterghem. 37 – Photo : Michael Guttman. Photo : T. van Renterghem. Photo : T. van Renterghem. 42 – Thomas Bulfinch, *The Age of Fable*, 1903. John Clark Ridpath, *Ridpath's History of the World*, 1897. 43 – Alfred Hunt, *The Illustrated London News, 1876. The Saturday Evening Post,* 1867. 47 – Fragment de tapisserie créée par Alexandra Lumen. John Clark Ridpath, *Ridpath's History of the World*, 1897. Photo : T. van Renterghem. 51 – Tom Grewe. 56 – Anne Marie Garrison. 63 – Tom Grewe d'après un croquis de T. van Renterghem. Tom Grewe d'après un croquis de T. van Renterghem. *Harter's Pictoral Archive*, 1978. 70 – H. Leutemann, de John Clark Ridpath, *Ridpath's History of the World*, 1897.

Ballou's Pictorial Drawingroom Companion, 1853. *Plants and Flowers*, Alan E. Bessette and William Chapman, editors, 1992. 71 – *An Old-Fashioned Christmas in Illustration and Decoration*, Clarence P. Hornung, editor, 1975. Charles Dickens, *Pickwick Papers*, 1838. 72 – From *An Old-Fashioned Christmas in Illustration & Decoration*, Clarence P. Hornung, editor, 1975. 78 – Photo : Courtesy Heemkunde-Denekamp Foundation. Tom Grewe. Photo : T. van Renterghem. 79 – Courtesy Germanisches National Museum Nurnberg. Gravure française du XIXe siècle. 87 – Boyd, de Clement C. Moore, *A Visit from St. Nicholas*, 1848. Thomas Nast, de *Harper's Weekly*, 1866. 86 – Thomas Nast, de *Harper's Weekly*, 1880. Thomas Nast, de *Harper's Weekly*, 1871. 88 – Haddon Sundblom pour la Coca-Cola Company ; used by permission (Coca-Cola is a registered trademark of the Coca-Cola Company). 91 – Courtesy Den Haag, Koninklijke Bibliotheek 54 B 17-18 (modifications de T. van Renterghem). 92 – Photos : de Margaret A. Murray, *God of the Witches*. 95 – J. A. Pasquier, *Illustrated London News*. 1858. Margaret A. Murray, *God of the Witches*. 96 – Margaret A. Murray, *God of the Witches*. Tom Grewe. Margaret A. Murray, *God of the Witches*. 97 – Margaret A. Murray, *God of the Witches*. Margaret A. Murray, *God of the Witches*. D'après Ariège. 99 – Braun and Schneider, *Costumes of All Nations*, 1907. Jost Amman, *Kunstbüchlin*, 1599. 100 – Tom Grewe d'après un croquis de T. van Kenterghem. Tom Grewe d'après un croquis de T. van Renterghem. Thomas Nast, *Harper's Weekly*, 1870. 108 – 74 John Clark Ridpath, *Ridpath's History of the World*, 1897. Eliphas Levi, *Dogme et Rituel de Haute Magie*, 1856. Fred Gettings, *Secret Symbolism in Occult Art*, 1987. Used by permission. 109 – T. van Renterghem. Tom Grewe d'après Jean Bourdichon. 113 – Tom Grewe. Richard Huber, *Treasury of Fantastic and Mythological Creatures*, 1981. Tom Grewe. 114 – Anna-Marie Ferguson, *Legend : The Arthurian Tarot*, 1995. Used by permission. Carte de tarot du XVIIIe siècle. Tom Grewe d'après une carte de tarot du XVe siècle. 115 – *An Old-Fashioned Christmas in Illustration and Decoration*, Clarence P. Hornung, editor, 1975. Gravure sur bois médiévale. 118 – Tom Grewe d'après une frise romaine. 123 – Photo : T. van Renterghem. Photo : T. van Renterghem - Tom Grewe d'après une peinture du XIXe siècle. 127 – Photos : Courtesy Charles Breyer, Arbeiders Pers, release courtesy

Rotterdams Dagblad. 133 – Franz Regis Goz, 1784. 134 – Photos : Courtesy T. van Renterghem. 136 – Courtesy Marilyn Matheny. 139. – Charles Dickens, *A Christmas Carol*, 1845. 147 – Carte postale du XIXe siècle, prop. T. van Renterghem. 148 – *Illustrated London News*. 149 – James Godwin, *Illustrated London News*, 1864. 153 – Gravure du XVIIIe siècle. Courtesy T. van Renterghem. Randolph Caldecott, *Old Christmas*. 1875. 154 – Photo : Courtesy Charles Breyer, Arbeiders Pers, release courtesy *Rotterdam Dagblad.* Margaret A. Murray, *God of the Witches*. 158 – Arthur Rackham, 1912. Arthur Rackham, 1907. Photo : T. van Renterghem 190 – Photo : David Holt.

Cet ouvrage a été achevé d'imprimer en octobre 1996
dans les ateliers de Normandie Roto Impression s.a.
61250 Lonrai
N° d'impression : 962077
Dépôt légal : octobre 1996
Imprimé en France